Denk wat je wilt, doe wat je droomt

Denk wat je wilt, doe wat je droomt

Op weg naar een waardevol leven

Gijs Jansen

Thema, uitgeverij van Schouten & Nelissen

2006 (eerste en tweede druk)
2007 (derde en vierde druk)
2008 (vijfde druk)
2010 (zesde druk)
2013 (zevende druk)
2013 (achtste druk)

Voor overnames kunt u zich richten tot het secretariaat van Thema,
Postbus 287, 5300 AG Zaltbommel, T 0418-683 700 of
info@thema.nl

Binnenwerk: Ceevanwee, Amsterdam
Omslag: Suzan van Lieshout, Nijmegen
Illustraties: Simon Oostra, Nijmegen
Grafische productie: Graficonnect, Son

ISBN 978 90 5871 7580
NUR 770
TREFWOORD PSYCHOLOGIE

www.thema.nl

"Some men see things as they are and say 'Why?',
I dream things that never were and say 'Why not?'."

(John F. Kennedy)

Voorwoord

Ik wil graag benadrukken dat niet alles wat in dit boek aan de orde komt door mijzelf is bedacht. Dit boek is eerder een verzameling van verschillende ideeën die al door vele andere psychologen zijn beschreven. Ik hoop echter op mijn manier een positieve bijdrage te kunnen leveren door deze ideeën te bundelen. Ik ben er stellig van overtuigd dat deze combinatie van inzichten en oefeningen zeer waardevol kan zijn voor iedereen die meer voldoening uit zijn leven wil halen.

Ik ben veel dank verschuldigd aan iedereen die mij heeft gesteund bij het schrijven van dit boek, waarvan in september 2005 een eerste versie verscheen in eigen beheer. Speciaal noem ik Steven Hayes, van wie ik enorm veel heb mogen leren, en door wie ik op het idee ben gekomen om juist over dit onderwerp een boek te schrijven. Hij is de grondlegger van veel van de ideeën uit dit boek. Daarnaast bedank ik Hubert de Mey, voor de grote inzet waarmee hij dit project geheel belangeloos heeft ondersteund, en Simon Oostra voor de prachtige illustraties. Ook mijn ouders hebben een zeer belangrijke rol vervuld, door hun niet aflatende steun bij praktisch alles wat ik doe.

Inhoud

1

Inleiding

Het valt niet mee om mens te zijn

Dit boek probeert een antwoord te geven op de vraag waarom wij het als mensen zo moeilijk vinden om gelukkig te zijn, en bevat suggesties en oefeningen die ons kunnen helpen om meer uit het leven te halen. Het is bedoeld voor mensen die door angst en/of depressieve gevoelens worden beperkt in hun functioneren – mensen die zich regelmatig somber voelen, die lijden aan bijvoorbeeld paniekaanvallen of bang zijn om sociale situaties op te zoeken.

Daarnaast is dit boek geschikt voor mensen die het gevoel hebben dat ze meer uit hun leven zouden kunnen halen, maar niet weten hoe ze dat zouden kunnen doen. Ik maak geen onderscheid tussen soorten mensen of problemen, maar ga ervan uit dat vrijwel alle psychische problemen terug te voeren zijn op de manier waarop we met onze omstandigheden omgaan. Ik wil benadrukken dat ik als mens in precies hetzelfde schuitje zit als jij – ik heb ook mijn zwakke plekken en die zullen hier ook aan bod komen. Wat ik met dit boek vooral probeer te doen, is onderzoeken *waarom het soms zo moeilijk is om mens te zijn*. In die zin kan dit boek een hulpmiddel zijn voor iedereen die regelmatig worstelt met vragen over het leven. Op een aantal plekken geef ik praktijkvoorbeelden. De gebruikte namen zijn gefingeerd.

Ik heb mij altijd verbaasd over het feit dat we de meest machtige en tegelijkertijd meest ongelukkige soort op aarde zijn. Hoe komt het toch dat zo velen van ons lijden aan angsten en depressies, en dat per jaar wereldwijd bijna 1 miljoen mensen zich van het leven beroven? (Bron: Wereldgezondheidsorganisatie)

De hulpverlening kan de alsmaar groeiende vraag naar hulp maar amper bijbenen en bestaande therapieën blijken bovendien niet of nauwelijks te werken. Er worden zoveel antidepressiva geslikt dat men inmiddels sporen van deze middelen heeft aangetroffen in vissen en er wordt geschat dat ongeveer 1 miljoen mensen in Nederland zo bang, eenzaam of verdrietig zijn dat ze amper meer buiten komen. Veel psychologen erkennen dat ze niet bij machte zijn om deze groeiende groep mensen op een goede manier te helpen. Er moet iets gebeuren.

De laatste jaren is er binnen de psychologie een beweging in opkomst die erkent dat het roer om moet. Hieruit voortvloeiend zijn nieuwe therapieën ontwikkeld, de zogenaamde derde generatie cognitieve gedragstherapieën. Deze therapieën worden de laatste jaren steeds vaker gebruikt, met resultaten die erg hoopvol zijn.

De derde generatie cognitieve gedragstherapieën hebben een divers karakter, en zijn zowel vanuit de gedragsgeoriënteerde als vanuit de cognitieve traditie ontstaan. Voorbeelden zijn dialectische gedragstherapie en Mindfulness-Based Cognitive Therapy. Ook Acceptance and Commitment Therapy (afgekort ACT, in het Nederlands acceptatie en commitmenttherapie), de therapie waarop dit boek deels gebaseerd is, is een exponent van deze nieuwe generatie cognitieve gedragstherapieën, met een gedegen theoretische basis en een sterke binding met onderzoek. ACT is gebaseerd op het functioneel contextualisme, de onderliggende filosofie van de gedragsanalyse, en haar theoretische basis is eveneens gedragsanalytisch. De inhoud van de therapie gaat echter voornamelijk over cognitie en emotie. Daarnaast heeft ACT ook veel raakpunten met gestalttherapie en emotiegeoriënteerde psychotherapieën, en zelfs met de meer oosterse meditatieve en spirituele benaderingen.

Dit boek bevat ideeën die gebaseerd zijn op deze nieuwe therapievormen en op andere beproefde methodes uit de psychologie. De meeste metaforen die ik gebruik worden ook bij ACT toegepast.

Het uitgangspunt van de nieuwe therapievormen is dat men kijkt naar het verschil tussen mens en dier, en van daaruit probeert om een degelijk plan te maken waarvan men weet dat het werkt. ACT wordt met name in Amerika al zeer breed toegepast, met hele goede resultaten. Mijn eigen ervaring als psycholoog is ook dat deze methode vrijwel altijd werkt – en beter dan andere vormen van training of therapie. Voordat we verder gaan, schotel ik je nu eerst een stukje theorie voor, zodat je begrijpt waar alles wat straks aan bod komt op gebaseerd is.

Taal maakt het verschil

Onderzoek heeft aangetoond dat wij de meest stressvolle wezens op de wereld zijn. Waar komt al die menselijke stress vandaan? Is het niet vreemd dat we vaak niet kunnen genieten van het leven, ondanks het feit dat we de baas zijn op aarde? Wat maakt ons zo anders dan alle andere soorten? Wie meer wil lezen over stressverschillen tussen mensen en andere dieren kan terecht op www.contextualpsychology.org.

Het grote verschil tussen de mens en andere dieren is communicatie door middel van taal. De afgelopen eeuwen hebben we onze taal ontwikkeld en daarmee ons vermogen tot het delen en opstapelen van informatie. Naast gedrag ontstonden er eindeloos veel gedachten. Opvattingen, abstracte feiten, samengevatte kennis in boeken; geen enkel ander dier kan zoveel informatie verwerken als de mens.

Cruciaal is het feit dat ons verstand los van de omgeving kan functioneren. Dit betekent dat we zonder invloeden van buitenaf ons verstand kunnen activeren. Zo kan ik me bijvoorbeeld precies voorstellen hoe het voelt om een glas melk te drinken, zonder dat er melk aanwezig is. Daarvoor doe ik simpelweg het volgende: ik haal alle informatie over melk uit mijn geheugen en ik maak me zo, op basis van mijn eerdere ervaringen met het drinken van melk, een voorstelling van het drinken van melk. Door eraan te denken, kan ik me iets voorstellen wat er feitelijk helemaal niet is, ik kan het me zelfs zo goed voorstellen dat ik de melk bijna kan proeven. Hoe gedetailleerder de voorstelling, hoe realistischer het beeld wordt dat ik vorm.

Kennelijk ligt er dus een blauwdruk van het begrip 'melk' in mijn hoofd opgeslagen die beschrijvingen omvat van melk – zoals kleur, geur en smaak – en begrippen eromheen

– zoals 'pak', 'houdbaarheidsdatum' en 'glas'. Zo kan ons verstand dus op eigen houtje van alles verzinnen. Je kunt herinneringen ophalen, voorstellingen maken en op basis van ervaringen de afloop van nieuwe, soortgelijke ervaringen voorspellen. Hartstikke handig, ware het niet dat gedachten vaak weinig zeggen over de werkelijkheid. Meestal zijn we in gedachten heel ergens anders dan daar waar we lijfelijk aanwezig zijn. En, daarmee samenhangend, meestal voelen we ons angstig en neerslachtig door onze gedachten, en niet door onze omstandigheden.

Nu is dit nog niet eens het allerergste. We zijn allemaal wel eens in gedachten en daar zitten ook veel positieve momenten bij, waarin we bijvoorbeeld lachen omdat ons plotseling iets grappigs te binnenschiet. In dat geval gaat het vaak om feitelijke herinneringen: anekdotes die als een film worden afgedraaid. Maar wat nu als blijkt dat ons verstand er in sommige gevallen op eigen houtje een verhaal bij verzint? Dat zou betekenen dat ons verstand ons dus af en toe in de maling neemt, en ons dingen laat denken en voelen die helemaal niet bestaan, of dingen die helemaal nooit gebeurd zijn. Helaas gebeurt dit aan de lopende band.

Dit komt omdat ons verstand zelf verbanden legt op basis van logische regels. In figuur 1.1 staat een voorbeeld: ik hoor dat Arjan groter is dan Bas. Als ik vervolgens iemand hoor zeggen dat Bas groter is dan Cees, dan zegt mijn verstand dat Arjan ook groter is dan Cees, omdat Cees de kleinste van de drie is.

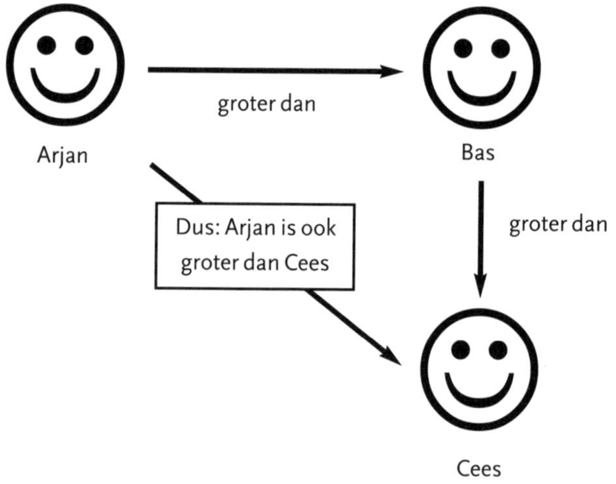

Figuur 1.1: Een verband leggen op basis van logische regels

En nu komt het: het verstand gaat ook op eigen houtje andere vergelijkingen trekken en koppelt die aan elkaar. Dit betekent dat het 'groter-danprincipe' van zojuist invloed heeft op hele andere principes. Stel dat Arjan en Bas besluiten armpje te drukken. Op basis van wat ik van hen weet – Arjan is groter – zou ik bij een weddenschap waarschijnlijk inzetten op Arjan. Hij is groter dan Bas, en dus is hij waarschijnlijk ook sterker dan Bas, en dus ook sterker dan Cees.

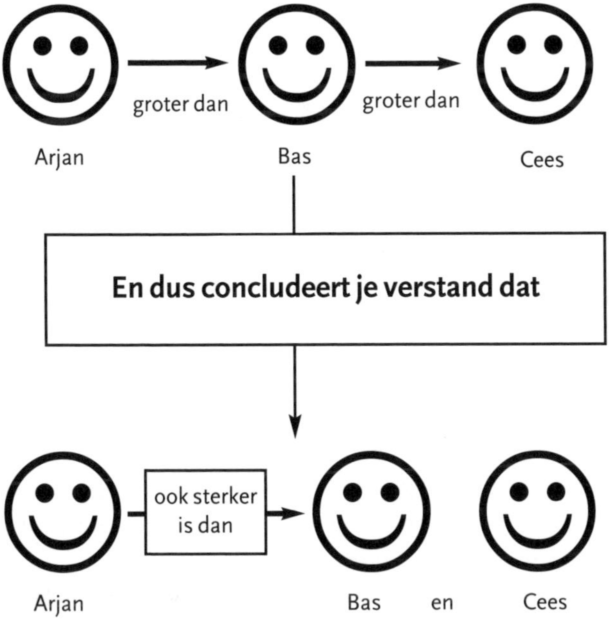

Figuur 1.2: Het verstand trekt conclusies

In dit voorbeeld is er niet zo veel aan de hand, aangezien het gaat om onschuldige vergelijkingen. Maar het geeft wel aan hoe we zomaar conclusies kunnen trekken die misschien helemaal niet waar zijn. Het zou namelijk zo maar kunnen dat Bas, hoe klein hij ook is, veel meer aan sport doet en daardoor veel sterker is dan Arjan.

Dit verhaal klinkt misschien wat flauw, maar het wordt mogelijk duidelijker als we een voorbeeld nemen waarbij verschillende blauwdrukken samen zorgen voor een verandering in het denken. Ik heb ooit iemand training gegeven die verschrikkelijk bang was om in de trein een paniekaanval te krijgen. Laten we hem Kees noemen. Kees zag helemaal voor zich dat hij in de trein zou zitten en dat die zou stoppen voor een rood sein. De gedachte dat hij op dat moment niet weg zou kunnen, boezemde hem zoveel angst in dat hij treinen ging vermijden. Hoe is het zover gekomen?

Hij vertelde mij dat hij een jaar daarvoor een keer in de bus zat met een ongemakkelijk gevoel. Hij voelde zijn hart sneller kloppen dan normaal, en hij trilde. Bij de eerstvolgende halte is hij toen uitgestapt. Daarna dacht hij regelmatig na over wat hem was overkomen, en vooral over wat hem had kunnen overkomen. Wat als hij was flauwgevallen, of een hartaanval had gekregen?

Het idee is dat een gebeurtenis – je ongemakkelijk voelen in de bus – wordt opgeslagen in je geheugen, waarna je steeds weer aan die gebeurtenis wordt herinnerd. Hierdoor gaat de manier waarop je naar die gebeurtenis kijkt zijn eigen leven leiden. Feitelijk gebeurde er niet zoveel bijzonders; we voelen ons allemaal wel eens ongemakkelijk in sociale situaties. Het verstand van Kees verzon er echter op basis van die ene ervaring een aantal conclusies bij:

- Iedereen keek naar me en dacht dat ik gek was.
- Als ik er niet uit had gekund, dan was ik gek geworden of flauwgevallen of had ik een hartaanval gekregen.
- Ik voel me onzeker in sociale situaties.
- Ik voel me altijd ongemakkelijk in de bus.
- Ik heb dat ook in de trein, de bioscoop, bij concerten, enz.
- De volgende keer dat ik hartkloppingen krijg, ga ik weg.
- Wat een watje ben ik, dat ik niet gewoon net als iedereen met de bus kan reizen zonder me rot te voelen.
- Ik moet vechten tegen dat gevoel.
- Mijn opa had ook last van zijn hart en is heel vroeg gestorven.

Je zult begrijpen dat deze lijst eindeloos kan doorgaan. Dit verklaart waarom Kees bang kon zijn voor een paniekaanval in de trein, zonder dat hij ooit een paniekaanval in de trein had gehad. Is het niet frappant dat wij bang kunnen zijn voor dingen die ons nog nooit zijn overkomen? Andere dieren kunnen dit namelijk helemaal niet, zij kunnen alleen op basis van directe ervaring leren of iets goed of slecht is.

In het geval van Kees kunnen we een realistische analyse maken van wat er feitelijk is gebeurd:

- Hij had die dag veel koffie gedronken, daarom sloeg zijn hart zo snel en had hij last van trillende handen.
- De kans is groot dat niemand heeft gezien wat er met hem aan de hand was.
- Er is niets gebeurd, behalve dan dat hij zich ongemakkelijk voelde.
- Als hij niet was uitgestapt, dan was er hoogstwaarschijnlijk niets gebeurd.

In de reguliere psychische hulpverlening worden dit soort argumenten meestal gebruikt in therapie. De therapeut gaat een discussie aan met de cliënt, waarbij hij probeert om de overdreven verhalen die het verstand van die ene ervaring gemaakt heeft tegen te spreken. De therapeut probeert de cliënt dus te overtuigen van het idee dat het grootste deel van zijn conclusies niet kloppen.

Maar het probleem is dat het verstand door zijn veelzijdigheid ontzettend slim is. Zo slim zelfs dat het dit soort logische verklaringen heel gemakkelijk omver kan werpen:

- Ik heb het ook wel eens gehad toen ik geen druppel koffie had gedronken.
- Ik zag wel degelijk iemand naar me kijken en die had het geheid door.

- Er is niets gebeurd omdat ik op tijd ben uitgestapt.
- Hoe weet je nou of ik geen hartaanval had gekregen? Het zit toch in de familie? En trouwens, ik heb wel eens iemand gezien die flauw viel. Nou geloof me, dat is echt geen pretje hoor!

En daar sta je dan als therapeut, met al je goede argumenten en bedoelingen – en wat als ik hem wel had kunnen overtuigen? De kans is groot dat hij later dan alsnog was teruggekomen op mijn argumenten. Eén toevallige vervelende ervaring, en het gevecht van gedachten en gevoelens was weer van voren af aan begonnen. Volgens mij is het grote aantal terugvallen onder mensen die in therapie zijn geweest voornamelijk te wijten aan het feit dat we ze leren om te vechten tegen een computer – het verstand – die ons vroeg of laat te slim af is.

Ik vind het dan ook hoog tijd dat we ons verstand, waar we zo op vertrouwen, eens kritisch onder de loep nemen. De methode die ik hiervoor gebruik, wijkt af van wat therapeuten over het algemeen doen. De meeste therapeuten gaan, zoals gezegd, de discussie aan en proberen binnen het verstand iemands opvattingen te veranderen. Ik probeer juist de persoon en zijn verstand van elkaar te scheiden, om daarna samen te kijken hoe we de macht van gedachten en gevoelens kunnen verkleinen. De twee belangrijkste aspecten hierbij zijn:

- Het verstand is een raadgever, maar meestal geen goede. Om gelukkiger te worden, kun je proberen om de macht van je gedachten te verkleinen. Dit betekent niet dat je de macht zult krijgen over alles wat je denkt, maar wel dat je in staat zult zijn om al je gedachten te zien voor wat ze zijn, namelijk veelal toevallige combinaties van informa-

tie die ervaringen je geven. Het is niet de ervaring, maar dat wat je verstand *doet* met die ervaring wat uiteindelijk zorgt voor psychische problemen.
- Het vermijden van ervaringen die je waardevol vindt, is de belangrijkste oorzaak voor het ontbreken van persoonlijke voldoening in je leven. Als je los kunt komen van wat je denkt, en doet wat je belangrijk en fijn vindt om te doen, zul je vele momenten van persoonlijk geluk ervaren.

In dit boek gaan we stap voor stap kijken naar de manier waarop gedachten jou manipuleren, en gaan we in op wat jij kunt doen om het heft in eigen handen te nemen. Op die manier zul je ontdekken wie de persoon is die achter al die gedachten schuilgaat.

Ik verzeker je dat je, als je de stappen volgt en de technieken toepast die bij elk thema staan beschreven, meer in het heden zult staan, en beter in staat zult zijn om doelbewust te leven. Ik wil je waarschuwen dat het geen enkele zin heeft om dit boek te lezen als je niet in je eigen leven gaat onderzoeken hoe het allemaal werkt en voelt. Beschouw dit dan ook als een werkboek en niet als een leesboek. Ik heb het kort en bondig gehouden omdat ik van mening ben dat je alleen uit eigen ervaring nieuwe dingen kunt leren. Het is aan jou om de ideeën die ik beschrijf kleur te geven. Daarom heb ik bij sommige oefeningen open ruimtes gelaten, zodat je die eventueel zelf kunt invullen.

Ik nodig je uit om samen met mij te gaan ontdekken wat je kunt doen om meer voldoening uit je leven te halen, en wat het is dat je tegenhoudt om de dingen te doen die je zo graag zou willen doen.

2

Kennelijk doen we iets totaal fout

Vechten tegen je problemen

Laten we om te beginnen eens onderzoeken hoe wij als mensen omgaan met onze problemen. We kunnen alleen een nieuw huis bouwen als de grond daaronder stevig genoeg is; we kunnen niet bouwen op een slechte fundering. Daarom zullen we eerst een aantal bestaande opvattingen over ons gedrag kritisch onder de loep moeten nemen.

Voordat je dit boek begon te lezen wist je al heel veel; iedereen draagt een grote rugzak vol bagage met zich mee en de meeste mensen hebben wel ideeën hoe ze met hun problemen moeten omgaan. Vaak hebben mensen al van alles geprobeerd om hun problemen op te lossen voordat ze bij een therapeut aankloppen. Ik geef een inventarisatie van manieren die mensen gebruiken om met een vervelende gebeurtenis om te gaan. Als voorbeeld nemen we een verbroken relatie. Je kunt:

- proberen er niet aan te denken;
- er veel over praten met vrienden;
- je afsluiten, veel alleen zijn;
- goed nadenken over hoe het nu verder moet;

- veel sporten en goed eten;
- veel slapen;
- naar een psycholoog gaan;
- antidepressiva slikken;
- veel uitgaan en onder de mensen zijn;
- plekken vermijden waar je je ex tegen kunt komen;
- je op je werk storten.

De meeste mensen die bij een psycholoog komen, hopen dat de psycholoog een manier weet waarop ze beter tegen hun problemen kunnen vechten. Mensen zijn in wezen ook vechters – iemand die gelaten reageert op een moeilijke gebeurtenis staat al snel als 'watje' te boek. Er moet iets aan de situatie worden gedaan, en het liefst zo snel mogelijk; pijn dient met alle mogelijke middelen te worden bestreden. In feite vecht de cliënt een oorlog uit met zijn probleem, en hoopt hij van de therapeut betere wapens te krijgen om de strijd te kunnen winnen.

Het feit dat je iets doet, dat je werkt aan je problemen, geeft zelfvertrouwen. Het maakt niet uit *wat* je doet, *als* je maar iets doet. We verliezen nog liever een gevecht dan dat we niet vechten. Niets doen betekent dat we ons overgeven aan omstandigheden die niet te controleren zijn, en zonder controle valt ons complete zelfvertrouwen weg. Maar de meeste methoden waarmee je tot nu toe hebt geprobeerd om situaties naar je hand te zetten en problemen het hoofd te bieden, werken kennelijk niet – anders zat je nu dit boek niet te lezen.

Het is van levensbelang voor het slagen van de missie om dit in te zien, anders bouw je voort op iets waarvan bij voorbaat al vaststaat dat het niet werkt. Als je blijft geloven dat vechten en ploeteren met omstandigheden je uiteindelijk zal brengen waar je wilt zijn, dan hoop je eigenlijk nog steeds op betere wapens in jouw strijd tegen alles wat je op een negatieve manier raakt.

Ik wil je graag een metafoor voorleggen die dit idee samenvat. Stel je bent in een touwtrekgevecht met een monster dat symbool staat voor alle negatieve omstandigheden, gedachten en gevoelens die jou teisteren. Tussen jou en het monster is een kloof. Als je toegeeft aan je gedachten en gevoelens en de situatie niet te lijf gaat, verlies je de controle en zul je in de kloof vallen. Maar hoe harder je trekt, hoe harder het monster trekt; hoe meer je probeert om te strijden, hoe zwaarder de strijd wordt. Het is dus beter om het touw los te laten en niet te proberen de strijd te winnen.

Neem even een paar minuten om dit te overdenken. Maak zelf ook een tekening van deze metafoor – jij, het monster, de kloof en het touw – en hang de tekening ergens op waar je haar zeker een keer per dag tegenkomt. Dit lijkt misschien een overdreven opdracht, maar ik verzeker je dat het uitbeelden van dit soort ideeën een hele krachtige manier is om jezelf te trainen in het begrijpen van het onderliggende principe. Het idee is namelijk dat je wordt herinnerd aan deze metafoor op het moment dat je daadwerkelijk aan het touwtrekken bent. Een beeld dat zonder woorden precies weergeeft waar het in dit hoofdstuk over gaat, zal je straks in de praktijk enorm kunnen helpen en naarmate je verder leest, zul je ook gaan begrijpen waarom ik liever met beelden werk dan met woorden.

Stel jezelf nu de volgende vragen: Op welke manier ben ik in mijn dagelijks leven aan het touwtrekken? Wat zijn de monsters waar ik tegen strijd, en wat doe ik allemaal om het touw vast te kunnen houden?

Nu hóór ik je bijna denken: 'Oké, een aantal dingen die ik doe zijn misschien dus niet zo slim en hebben niet het juiste effect. Maar er zijn ook veel dingen die wel degelijk werken. En zo niet, wat moet ik dán?! Moet ik dan maar gewoon helemaal niets doen?' Ik vraag je niet om een passief mens te worden dat alles maar over zich heen laat komen. Het gaat mij om de manier waarop je problemen benadert. Je kunt problemen ook oplossen zonder te vechten. Sterker nog, als je alleen al het touw loslaat, wat kan dat monster jou dan eigenlijk nog maken? Kijk naar de tekening, en je ziet wat ik bedoel. De kern is dit:

Doordat je de strijd aangaat, is er een strijd.

Tips en oefeningen

- Wacht een paar dagen voordat je verder gaat met het volgende hoofdstuk. Probeer je bewust te worden hoe je het gevecht in je dagelijks leven aangaat. Kijk naar hoe je de dingen normaal gesproken aanpakt.

- Het is belangrijk om te weten wat deze manier van aanpakken voor jou betekent. Geeft vechten je meer zelfvertrouwen? Ben je het nu eenmaal zo gewend, of heb je van anderen geleerd dat je moet vechten om te bereiken wat je wilt bereiken? Verwacht niet van jezelf dat je alles gelijk goed ziet of goed doet. Omdat de macht der gewoonte zo sterk is, kun je gemakkelijk terugvallen in je oude gedrag. Dit kun je voorkomen door eerst duidelijk onder ogen te zien wat je allemaal doet. Je oude gedrag zal nog vaak terugkomen tijdens het lezen van dit boek. Dat is niet erg zolang je je maar bewust bent dat het gebeurt.

- Maak een lijst van gedragingen waarmee je je problemen probeert op te lossen. Denk bijvoorbeeld aan vermijding of onderdrukking van gevoelens en gedachten, peptalk, steun zoeken, geruststellende gedachten, zelfverwijten, enzovoort. Ik vraag niet van je om deze gedragingen te veranderen, probeer ze alleen te herkennen als je merkt dat ze de kop opsteken. Stel jezelf de volgende vraag: werkt dat wat ik doe nou echt, of ben ik aan het touwtrekken?

- Het is niet gemakkelijk om te erkennen dat je inspanningen tot nu toe niet het gewenste resultaat hebben opgeleverd. Met name voor echte vechtersbazen kan het een hele opgave zijn om toe te geven dat de vele manieren waarop we vechten eigenlijk helemaal niet werken. Probeer de touwtrekmetafoor in gedachten te houden als je merkt dat het niet gaat zoals jij dat wilt, en oordeel zelf of wat je doet je helpt om meer rust te vinden in je leven.

3

Controle is een onderdeel van het probleem

De regels van het verstand

Nu je een paar dagen hebt gekeken naar de manier waarop je met je omstandigheden omgaat, is de tijd rijp om te gaan onderzoeken waar die benaderingswijze vandaan komt.

We zijn opgegroeid in een cultuur die suggereert dat we de manier waarop we ons leven invullen voor een groot deel zelf in de hand hebben. We zijn in staat om onze huizen in te richten zoals wij dat willen en we kiezen ervoor om die dingen te doen die we belangrijk vinden. We zijn de baas over heel veel omstandigheden: wat we eten, met wie we omgaan en hoe we onze dag indelen. We hebben enorm veel keuzemogelijkheden, wat het kiezen zelf vaak bemoeilijkt. Op basis van wat we belangrijk vinden, en hoe we vinden dat onze levens eruit zouden moeten zien, hebben we een breed scala aan regels opgesteld waaraan de omgeving moet voldoen.

Nadeel hiervan is dat de omgeving zich niet altijd aan die regels houdt. Een regel die ik zelf altijd erg belangrijk heb gevonden, is afspraken nakomen. Ik kan me daardoor enorm ergeren aan mensen die dat niet doen of te laat komen. Verder vind ik dat ik minimaal drie keer per week moet sporten.

Lukt me dit niet, dan word ik steevast boos op mezelf.

Onze samenleving barst van de regels. Je moet stoppen voor rood licht, belasting betalen, enzovoort. Dit zijn de duidelijke regels, maar daarnaast zijn er ook nog enorm veel ongeschreven regels, zoals de regel dat je op je beurt wacht bij de kassa, of dat je iemand laat uitpraten. Regels zorgen ervoor dat ons leven gestructureerd en daarmee voorspelbaar wordt, zodat veel gevaarlijke situaties voorkomen kunnen worden. Stop je voor het rode licht, dan neemt de kans dat je een ongeluk krijgt drastisch af.

Nu wil ik graag een onderscheid maken tussen algemeen geldende regels en persoonlijke regels. Algemeen geldende regels zijn meestal nuttig omdat ze orde scheppen in de chaotische maatschappij waarin we leven – niet alle regels worden trouwens door iedereen even belangrijk gevonden, met alle gevolgen van dien.

Persoonlijke regels zijn meestal wat minder duidelijk omschreven, en, de term zegt het al, verschillen per persoon. Misschien vind jij het bijvoorbeeld helemaal niet erg als mensen hun afspraken niet nakomen. Persoonlijke regels gaan vaak over hoe jij vindt dat de wereld zou moeten zijn. Denk daarbij aan begrippen als rechtvaardigheid, eerlijkheid, vertrouwen, respect en normen en waarden. Eigenlijk zijn we allemaal rechters die beoordelen of het juist is wat we denken en voelen en wat er om ons heen gebeurt.

Het doel van al die regels is controle. Hoe meer regels we opstellen, hoe meer controle we denken te hebben. Maar is dat eigenlijk wel zo? En leidt controle tot meer geluk? In ieder geval leidt het tot een gevoel van veiligheid op korte termijn, dat hebben verschillende onderzoeken inmiddels ruimschoots bewezen. Ik neem Willem als voorbeeld. Willem leed aan hevige paniekaanvallen, waardoor hij drukke situaties ging vermijden. Om het gevoel van controle te vergroten, maakte hij de volgende afspraken met zichzelf, oftewel hij stelde de volgende regels op:

- Ik maak geen afspraken met mensen als ik me slecht voel.
- Ik zorg ervoor dat ik altijd een kalmeringsmiddel bij me heb, voor het geval er iets mis gaat.
- Als ik voel dat ik onrustig word, ga ik naar huis.
- Ik zorg ervoor dat ik niet alleen ben.

Op de korte termijn zorgden deze regels voor een gevoel van opluchting want door de regels wist hij vrijwel zeker dat het nooit echt mis zou kunnen gaan. Maar het grote gevaar van regels is dat er op den duur steeds meer regels bijkomen en dat ze steeds strenger moeten worden gehanteerd. En dan kunnen regels de vrijheid enorm inperken. Bij Willem kwamen er de volgende regels bij:

- Als ik ergens heen ga, wil ik van tevoren weten hoeveel mensen er zullen zijn.
- Als ik binnenkom, kijk ik eerst waar de dichtstbijzijnde uitgang is.
- Ik zorg ervoor dat mijn zitplaats in de buurt van die uitgang is.
- Ik zorg ervoor dat ik op de hoek zit, zodat ik niemand stoor als ik plotseling weg moet.
- Minstens een van de aanwezigen moet op de hoogte zijn van het feit dat ik last heb van paniekaanvallen.
- Ik zorg ervoor dat ik nuchter blijf – of juist veel drink.

Hoe vaker regels gehanteerd worden, hoe meer het er worden en hoe strenger ze worden. Op den duur ga je steeds nauwkeuriger controleren of alles wel klopt met de regels die je zelf hebt opgesteld – uiteindelijk betekenen al die regels dat je enorm in je vrijheid wordt beperkt. Want zodra de omgeving niet voldoet aan jouw regels, ontstaat er een onhoudbare situatie. Alles moet gaan volgens een bepaald protocol, zo niet, dan hebben we een probleem.

Hoe meer we denken dat we de omgeving naar onze hand kunnen zetten, hoe meer we denken dat we onze gedachten en gevoelens kunnen beheersen. Hoe meer regels we gebruiken om controle uit te oefenen op de omgeving en onszelf, hoe meer beperkingen, angsten, gevoelens van somberheid en teleurstellingen we zullen ervaren.

Ik hoef je niet te vertellen dat het leven behoorlijk onvoorspelbaar kan zijn. En toch hebben we het gevoel dat we veel zelf in de hand hebben, meer dan werkelijk het geval is. Wijzelf en onze omgeving voldoen immers vaak helemaal niet aan al die regels. Iedere keer dat een regel niet wordt nageleefd, ben jij het slachtoffer van die regel – iedere keer dat iemand zijn afspraak niet nakomt, raak ik geïrriteerd; iedere keer dat Willem op een plek komt die niet aan zijn regels voldoet, raakt hij in paniek.

En toch hebben we het idee dat controle wel degelijk werkt. Dit komt door het positieve effect op de korte termijn. In eerste instantie ervaren we namelijk wel een gevoel van controle; zolang we de omgeving kunnen manipuleren gaat het goed. Maar gebeuren er onverwachte dingen, dan zijn we steevast de klos.

Regels zijn niet verkeerd als je flexibel kunt zijn. Als je bereid bent om wat losser om te gaan met de regels die je jezelf voorschrijft, zul je minder snel schrikken of boos worden als het een keer niet gaat zoals jij het had bedacht. Uiteraard is het heel goed om een mening te hebben over hoe jij vindt dat het zou moeten zijn, maar besef wel dat het in de praktijk heel vaak niet zo gaat. Ik kan niet bepalen of mensen hun afspraken nakomen, en Willem kan niet bepalen hoeveel mensen er op een feest zullen zijn. Het venijn zit hem in het woordje 'moeten'. Regels hebben vaak een dwangmatig karakter. Als je af wilt van de beperkingen die regels je opleggen, zijn er een aantal dingen die je kunt doen – zie daarvoor de volgende tips en oefeningen.

Tips en oefeningen

- Wacht een week voordat je verder gaat met het volgende hoofdstuk. Het is van belang dat je bij ieder idee dat ik opper, zelf in de praktijk gaat ervaren hoe het werkt en hoe het voelt. Je kunt alleen van dit boek leren als je de tijd neemt om met je gedrag te experimenteren in je dagelijks leven.

- Maak een lijst met regels die jij hanteert. Je kunt hiervoor gebruikmaken van de volgende rubrieken:

  Regels over relaties met anderen – over vertrouwen, loyaliteit, enzovoort. Bijvoorbeeld: mensen moeten hun afspraken nakomen. Of: ik houd er niet van als mensen veel praten.

  ____
  ____
  ____
  ____

Regels over momenten dat je je rot voelt. Bijvoorbeeld: ziek zijn is een zwakte. Of: ik ga anderen niet lastigvallen met mijn problemen.

____

____

____

____

Regels over rechtvaardigheid. Bijvoorbeeld: ik verdien het niet om zo behandeld te worden. Of: ze moeten mij weer hebben.

____

____

____

____

Regels over jezelf. Bijvoorbeeld: ik moet niet zo zeuren. Of: ik ben nu eenmaal een verlegen persoon.

____

____

____

____

- Probeer te beseffen dat het deze regels zijn die ervoor zorgen dat je in de praktijk in de problemen komt. Ook al heb je gelijk, het komt heel vaak voor dat jij of je omgeving zich niet aan jouw regels houden. Zolang je vasthoudt aan je regels zul je van slag raken op het moment dat jij, iets of iemand anders de regels overtreedt. Het is niet realistisch om van jezelf en de wereld te verwachten dat alles altijd gaat zoals het volgens jou zou moeten gaan.

- Zie je in dat het niet de gebeurtenissen zijn die je frustreren, maar de regels? En zie je in dat je de controle die je wilt uitoefenen helemaal niet hebt? Het is een vervelend besef dat er in de praktijk maar weinig terechtkomt van principes als rechtvaardigheid, eerlijkheid en loyaliteit. Dat wil niet zeggen dat het slecht is om ze te hebben – het probleem is alleen dat we daardoor ook van onze omgeving gaan verwachten dat er geen onrechtvaardige dingen zullen gebeuren. En als dat dan wel gebeurt, stoten we ons hoofd en denken we: dit heb ik niet verdiend! Als je kunt accepteren dat jij en de wereld veel fouten zullen maken, zul je jezelf en de wereld ook makkelijker kunnen vergeven.

- Je voelt hem vast al aankomen; ik wil je stimuleren om iedere dag een aantal regels te gaan verbreken. Daarbij is het volgende van belang:

Wees bereid om alles te laten gebeuren

Laat dit op je inwerken voordat je verder gaat met lezen. Een regel doorbreken gaat vaak gepaard met angst omdat de voorspelbaarheid wegvalt. Als je bereid bent om die angst te ervaren, zul je al heel snel merken dat er helemaal geen enge dingen gebeuren als je wat losser in het leven staat. Doe een keer bewust iets niet goed en ervaar wat er gebeurt. Laat een keer een half uur later dan gepland de hond uit, accepteer het als een ander niet reageert zoals jij dat zou willen. Op deze manier zul je ervaren dat het ook anders kan gaan dan jij gepland had, zonder dat er iets mis gaat. Je gedragsexperimenten kunnen gaan over kleine dingen, maar ook over moeilijkere, grote dingen, zoals een keer niet bij het gangpad gaan zitten in de bioscoop, maar in het midden. Stel jezelf telkens de volgende vraag: ben ik bereid om het ongemakkelijke gevoel te ervaren dat gepaard gaat met het doorbreken van deze regel?

- Wees wel voorzichtig. Er is, zeker wat betreft hele moeilijke regels, veel bereidheid nodig om regels te doorbreken. Zie het als een weegschaal: aan de ene kant is er de zwaarte van de regel, aan de andere kant de hoeveelheid bereidheid die je voelt om de regel te doorbreken. Weegt de regel zwaarder dan de bereidheid, dan kun je het doorbreken van de regel beter nog even uitstellen. Als je echt te bang bent dat er iets misgaat, richt je dan op een regel die minder zwaar is, of besluit tot een compromis. Als de stap om gelijk helemaal in het midden van de bioscoop te gaan zitten bijvoorbeeld meer angst opwekt dan bereidheid om die angst te ervaren, besluit dan om een paar plaatsen van het gangpad af te gaan zitten, in plaats van helemaal in het midden.

- Vervang het woordje 'moeten' door het woordje 'mogen' bij alles wat je zegt en doet. Dit lijkt een makkie, maar het is misschien nog wel moeilijker in de praktijk te brengen dan het doorbreken van regels. Help jezelf door het woord 'moeten' op te schrijven en ergens op te hangen waar je het vaak tegen zult komen. Vraag je partner of hij of zij je wil corrigeren als je 'moeten' gebruikt, en herhaal de zin met 'mogen' in plaats van 'moeten'. 'Ik moet niet zo zeuren? Oh nee, ik *mag* zeuren.' 'Ik moet straks naar de film? Nee! Ik mag!' Het lijkt misschien wat overdreven, maar ik verzeker je dat je met de vervanging van dit ene simpele woordje enorm veel spanning kunt wegnemen uit je leven. Probeer het maar eens uit, je zult verbaasd zijn hoe vaak je tegen jezelf zegt dat je iets moet.

- Door deze oefeningen zul je flexibeler worden ten opzichte van jezelf en je omgeving. Je hebt nog steeds je overtuigingen, maar omdat deze niet altijd meer hoeven te kloppen met de praktijk, zul je minder kwetsbaar worden voor 'fouten' van jezelf en je omgeving. Als je consequent bent met je gedragsexperimenten, zullen zich steeds meer alternatieven aandienen die je daarvoor misschien nooit wilde uitproberen, maar die juist heel prettig blijken te zijn. Het kan ook dat je bij je oude gewoontes blijft, dat is ook prima. Het gaat erom dat je weet dat er alternatieven zijn, en dat je ervaart dat er veel minder moet dan jij denkt.

4
De val van gedachten

De strijd van het hoofd

Zo, nu gaan we echt beginnen. Het zou mij niets verbazen als je je op dit moment enigszins hulpeloos voelt. De afgelopen week ben je waarschijnlijk behoorlijk geconfronteerd met gevoelens van onzekerheid. Dat is heel normaal omdat je ermee geconfronteerd wordt dat veel manieren waarop je vecht tegen je gedachten en omstandigheden in de praktijk niet blijken te werken. Daar komt bij dat ik tot nu toe alleen nog maar gesproken heb over dingen die je beter *niet* kunt doen. Het is helaas noodzakelijk om eerst te beseffen dat vechten, ploeteren en het uitoefenen van controle niet werkt, voordat je nieuw gedrag kunt uitproberen.

Waar komen dat gevecht en die behoefte aan controle eigenlijk vandaan? Wie of wat geeft ons steeds al die opdrachten? Waarom strijden we? Ik kan me soms verbazen over mijn vermogen om van hele simpele dingen de meest ingewikkelde problemen te maken; of ik iets wel of niet moet doen, of ik anderen daar geen pijn mee doe, hoe de toekomst eruitziet. Ik ben, net als veel anderen, een piekeraar.

Schrik niet, onderzoek van de Amerikaanse psycholoog Timothy Brown en anderen heeft aangetoond dat mensen per dag gemiddeld zo'n 40.000 gedachten hebben te verwerken. 40.000! En, nog veel belangrijker, minimaal 70 % van die gedachten zijn negatief of hebben een alarmerende functie. Omgerekend betekent dit dat je per dag minimaal 28.000 negatieve gedachten om je oren krijgt. Gedachten over dingen waar je bang voor bent, waar je je somber over voelt en waar je voor moet oppassen. Heel veel van wat we meemaken, verpakken we in gedachten, en vervolgens blijven die gedachten telkens weer terugkomen, iedere dag weer.

Toen ik me ging afvragen wat een gedachte eigenlijk precies is, had ik moeite om een passende beschrijving te vinden. Van een voetbal kun je zeggen dat het een leren bol is, gevuld met samengeperste lucht. Maar wat is een gedachte? Pak eens pen en papier en probeer dit te beschrijven of uit te beelden. Let daarbij op dat je niet vervalt in het omschrijven van een gedachte met je verstand – dat je kunt voetballen met een voetbal is zo'n omschrijving. Een gedachte kan over van alles gaan, maar wat *is* nou een gedachte? Beschrijf wat je werkelijk ziet, dus niet: 'Gedachten gaan over...' of: 'Gedachten zijn positief of negatief'.

Het is lastig om een definitie van een gedachte te geven. Dit komt omdat een gedachte feitelijk niets meer is dan elektrische impulsen die door ons hoofd gaan. Je kunt gedachten niet in een doosje stoppen of er op de een of andere manier wat mee doen. Ze zijn er gewoon, in groten getale, iedere dag weer. En we laten ons leiden door die vage gedachten. Van oudsher gebruiken wij ons verstand om de juiste beslissingen te kunnen nemen. Meestal gebeurt dit door het afwegen van verschillende argumenten. Bijvoorbeeld:

- ik heb zin om naar de bioscoop te gaan, maar ik voel me niet zo lekker;
- er draait een nieuwe film die ik heel erg graag zou willen zien;
- maar er is een kans dat ik last krijg van vreselijke paniekgevoelens;
- aan de andere kant, ik kan niet altijd maar thuis blijven zitten;
- de film draait pas twee dagen, dus het zal wel erg druk zijn in de bioscoop;
- ik kan natuurlijk ook volgende week gaan;
- maar ja, dan geef ik weer toe aan mijn angst.

Dit is een typisch voorbeeld van een gevecht tussen positieve en negatieve gedachten, iets wat leidt tot piekeren. Er zijn ongetwijfeld een aantal voorbeelden van situaties waarin jij dit doet, we doen het tenslotte allemaal. De voornaamste reden dat we piekeren is dat we verstandige keuzes willen maken. Als we onzeker zijn over welke keuzes we moeten maken, doen we een beroep op de argumenten van ons verstand, waarbij de sterkste partij wint. Overheersen de negatieve argumenten, dan blijf je thuis. Wil je de film echt heel graag zien, dan sleur je jezelf desnoods naar de bioscoop toe.

In feite werkt piekeren als een schaakspel: de witte – positieve – stukken gaan het gevecht aan met de zwarte – negatieve – stukken. Als wit wint, ga je naar de bioscoop. Wint zwart, dan blijf je thuis.

Het verstand als computer

Het is van cruciaal belang dat we een onderscheid gaan maken tussen jou als persoon en je verstand als raadgever. Veel mensen gaan zo op in hun gedachten dat ze die gedachten als een onderdeel van hun identiteit zien. Het is dan ook heel moeilijk om te aanvaarden dat je een computer gebruikt – je verstand – om beslissingen te kunnen nemen.

Het grootste probleem van gedachten is dat ze in je hoofd zijn gekomen door toevallige ervaringen. Daarnaast is de kracht van je argumenten afhankelijk van het moment. Bijvoorbeeld:

- je voelt je op een dag toevallig niet helemaal lekker;
- dit koppel je aan eerdere ervaringen waarbij je je ook niet goed voelde;
- hierdoor wordt een stroom van negatieve gedachten opgewekt waardoor zwart deze dag wint.

Het verstand zoekt in zijn archief altijd naar gebeurtenissen en gedachten die overeenkomen met je huidige gemoedstoestand. Zie het als een soort zoekmachine: je typt een woord in en de machine komt met allerlei onderwerpen die aan dat woord zijn gekoppeld. Als je je laat leiden door je verstand, laat je je dus eigenlijk leiden door toevalligheden. Als je je slecht voelt, zal het verstand dit in 70 % van de gevallen glashard beamen, omdat 70 % van alle informatie in je hoofd negatief geladen is. Hierdoor ben je steeds het slachtoffer van de negatieve adviezen in je hoofd. Zwart is dus altijd een betere schaker. Je zal heel erg hard moeten knokken, wil je wit laten winnen.

Wie ben jij eigenlijk, als het om dat schaakbord gaat? Ben jij een speler? Zowel wit als zwart zijn een partij in jouw hoofd, dus een van beiden kun je niet zijn, maar wie ben je dan wel? Zou je je kunnen voorstellen dat jij als persoon het bord bent waar die strijd zich steeds op afspeelt? De strijd speelt zich af in jou, probeer dat eens voor je te zien.

Als je dit idee kunt accepteren, stel jezelf dan de volgende vraag: als ik het bord ben, maakt het dan uit hoe de stukken op het bord staan? Verander ik als bord als een van beide partijen wint? En als ik het bord ben, wat moet er dan gebeuren als ik iets wil bereiken? De oplossing zit hem in het idee dat je kunt proberen om het bord zelf in beweging te zetten, in plaats van je te richten op de strijd op het bord. De strijd op het bord zal er altijd zijn en geloof me, zwart zal vaker winnen dan wit.

Het is belangrijk dat je uitgebreid stilstaat bij het volgende idee: als je je gedachten laat bepalen wat je doet en voelt, zul je continu moeten strijden tegen een overmacht van negatieve gedachten.

Het verstand te boven

Nu is het moment gekomen om jezelf te gaan trainen om los te komen van de doctrine van je verstand – zoals ik al zei, het verstand is een raadgever, maar meestal geen goede.

Ik vraag je niet om vijandig te staan tegenover alles wat je denkt, integendeel. Ik vraag je juist om de strijd op het bord te staken en pogingen te ondernemen om het bord zelf in beweging te zetten. Gedachten zijn stukken verzamelde informatie uit ervaringen uit je verleden. Eén toevallige ervaring kan ervoor zorgen dat je gedachten gaat vormen over een onderwerp, en vervolgens gaan die gedachten jouw toekomstige keuzes bepalen. Bijvoorbeeld:

- je bent toevallig getuige van een auto-ongeluk;
- je vormt daardoor allerlei negatieve gedachten over de veiligheid van het verkeer;
- daardoor ga je als je in de auto zit, extra goed opletten en word je bang als er kleine dingetjes mis gaan;
- daardoor ga je lange ritten vermijden;
- iedere keer als het begrip 'auto' opdoemt, wordt een stroom van negatieve gedachten en gevoelens opgewekt;
- hoe vaker je je laat leiden door dit soort gedachten, hoe meer situaties je gaat vermijden.

Dit is een typisch voorbeeld van hoe een angst kan ontstaan op basis van toeval. Het gaat dan ook niet zozeer om wat je in je leven meemaakt, maar om de gedachten die je verstand maakt van gebeurtenissen, gecombineerd met de mate waarin jij die gedachten serieus neemt. Binnen de psychologie is dit een zeer radicale stelling. Maar ik ben ervan overtuigd dat als we de gedachten die gekoppeld zijn aan nare ervaringen weg zouden kunnen nemen, we een groot deel van het menselijk lijden zouden kunnen verzachten. De meesten van ons maken immers veel meer neutrale of positieve gebeurtenissen mee dan negatieve.

Daarmee zeg ik niet dat mensen zich aanstellen, of dat iemand nooit echte problemen kan hebben. Ik vind het alleen wel heel frappant dat wij een hoop negatieve emoties kunnen hebben in neutrale situaties. Ons gepieker zorgt ervoor dat we passief worden, en dat we toegeven aan de negatieve emoties die door dat gepieker worden uitgelokt. We zijn in staat om te huilen als daar feitelijk helemaal geen aanleiding voor is.

Om een voorbeeld te geven van de invloed die gedachten kunnen hebben, wil ik graag dat je een minuut lang naar het volgende woord kijkt en opschrijft wat er aan gedachten en gevoelens in je opkomt:

Bloed

Je kunt ook een ander woord nemen dat bij jou gevoeliger ligt, zoals 'hartkloppingen', 'paniek' of 'dood'.

Vaak leidt alleen het kijken naar het woord al tot een kettingreactie van gedachten en emoties. Feit is echter dat er op dit moment geen bloed aanwezig is. Het woord alleen kan je dus al gespannen maken, zonder dat er ook maar iets aan de hand is. Doe nu het volgende: herhaal het woord dat je hebt gekozen minimaal drie minuten lang hardop. Ga door tot je merkt dat de feitelijke betekenis van het woord verdwijnt, en het woord dus niets meer opwekt. Stop pas als je echt helemaal niets meer denkt of voelt als je naar het woord kijkt.

Raar, of niet? Wat er gebeurd is, is dat je de koppeling van het woord met gedachten en emoties hebt doorbroken. Hierdoor wordt het woord ineens neutraal: een aantal letters op een rijtje, meer niet. Dit is de eerste sleutel om los te kunnen komen van de invloed van je gedachten. Om de macht van je verstand in te dammen, geef ik de volgende oefeningen.

Tips en oefeningen

- Geef jezelf een week om dit idee volledig te omarmen, oftewel: probeer het uit, ook al ben je het niet met me eens. Probeer niet te vervallen in een discussie, want dan ben je weer bezig met schaken. Experimenteer gewoon met dit idee in je echte leven, en kijk of het werkt.

- Gebruik je computer als basisstation voor je verstand door al je gedachten en gevoelens op te schrijven en ze te bewaren. Zo kun je oefenen om je verstand buiten jezelf te plaatsen. Train jezelf door te zeggen: 'Dit ben ik, en deze computer staat symbool voor mijn verstand. Mijn verstand is een hulpmiddel, maar is niet wie ik ben en bepaalt niet wat ik doe of voel.' Hierdoor kun je letterlijk afstand nemen van je gedachten omdat je ze in de computer stopt. Daarnaast krijg je een duidelijk overzicht van wat je zoal denkt. Hou een archief bij en lees terug wat je wanneer dacht. Je zult ongetwijfeld merken dat je de ene week hele andere dingen denkt dan de andere week, en dat deze gedachten zichzelf regelmatig tegenspreken.

- Bewaar een schaakbord, of een foto of plaatje van een schaakbord op een plek waar je het regelmatig zult tegenkomen. Op het moment dat je gedachten met elkaar aan het vechten zijn, kun je met een blik op het bord herinnerd worden aan deze metafoor.

- Er is een cruciale vraag die je jezelf kunt stellen op het moment dat je je angstig of verdrietig voelt: voel ik me zo rot door de situatie, of word ik in de maling genomen door mijn gedachten? Het leven kent natuurlijk zijn negatieve kanten – dat wil ik zeker niet ontkennen. Lichamelijke pijn, stress, ruzie: er zijn veel omstandigheden waarin het onvermijdelijk is dat je je rot voelt. Het idee is dat we als mensen altijd bezig zijn met het uitoefenen van onze macht om situaties naar onze hand te zetten. Dit lukt echter meestal niet omdat veel dingen ons simpelweg *overkomen.* In die zin hoort lijden bij het leven, hoe wrang het ook klinkt. Als je in een vervelende situatie zit, is het dan ook het beste om te accepteren dat het niet altijd gaat zoals jij dat wilt. Het probleem is namelijk dat we met onze gedachten proberen om het lijden op te lossen, terwijl we het lijden daarmee alleen maar vergroten. Je hebt de meeste macht over je gedachten en gevoelens als je bereid bent om deze te laten voor wat ze zijn.
  Probeer eens heel erg je best te doen om ergens niet aan te denken, of om in slaap te komen als je in bed ligt. Hoe harder we proberen om te bepalen wat we denken, hoe moeilijker het wordt. Voel je je rot door de situatie, dan kun je proberen om het schaakbord te verplaatsen door je problemen actief aan te pakken. Zijn het je gedachten die je zitten te pesten, weet dan dat de strijd die je voert zinloos is. Laat je gedachten voor wat ze zijn en neem ze niet zo serieus. Het zijn maar gedachten.

- Vervang het woordje 'maar' door het woordje 'en' bij alles wat je zegt en denkt. Bij Sarah, een cliënt van mij, leidde deze kleine oefening tot een enorme doorbraak. Sarah, een vrouw van midden veertig, was voortdurend in conflict met haar gedachten. Bij alles wat zij deed, hield zij rekening met alle argumenten die haar verstand haar voorschreef. Een aantal voorbeelden:

- Ik *moet* naar de kapper, *maar* ik moet eerst de kinderen van school halen.
- Ik *moet* naar het voetballen van mijn zoontje, *maar* ik wil niet dat mensen zien dat ik me niet goed voel.
- Ik wil wel stoppen met de medicatie, *maar* alleen als ik zeker weet dat ik me dan goed blijf voelen.
- Mijn man zegt dat ik niet zo vaak *moet* stofzuigen, *maar* ik wil wel dat het schoon blijft in huis.

De woorden 'moet' en 'maar' zorgen bij deze gedachten voor een conflict. In feite vertelt haar verstand deze vrouw dat er vreselijke dingen zullen gebeuren als ze iets wel of niet doet. Daarnaast geeft het woordje 'maar' de voorwaarde weer waaraan de situatie moet voldoen. Door het woordje 'maar' te vervangen door 'en', zul je merken dat heel veel dingen ook naast elkaar kunnen bestaan.
Het opheffen van dit conflict gaf Sarah het inzicht dat er een middenweg was tussen haar angsten en verlangens. Als je het verlangen hebt om de straat op te gaan, *maar* je voelt je onzeker, dan zegt je verstand je dat je onmogelijk met een onzeker gevoel de straat op kunt. Feit is echter dat dit wel degelijk kan. Het is niet ideaal, maar wel een eerste stap. Er is veel meer mogelijk en er zijn veel meer middenwegen dan je verstand je laat zien. Ontdek zelf wat er allemaal mogelijk is als je de regels van je verstand niet meer zo serieus neemt.

- Zoek activiteiten op waarvan je weet dat je jezelf er helemaal in kunt verliezen. Doe dingen waarbij je merkt dat je de tijd vergeet. Het maakt niet uit wat, als je er maar in op kunt gaan – sporten, schilderen, tuinieren, lezen; wat dan ook. Het is van belang om activiteiten op te zoeken die je helpen om je verstand tijdelijk uit te schakelen. De meeste mensen ervaren op die momenten de sterkste gevoelens van rust en geluk.

- Maak een lijst van alle woorden die negatieve gedachten en gevoelens opwekken, en oefen met die woorden door ze hardop te zeggen tot de negatieve betekenis verdwijnt.

- Zie jezelf als de blauwe lucht in de hemel, en je gedachten als de wolken die voorbij drijven. Neem de tijd om je gedachten te observeren vanuit dit perspectief, met jezelf als toeschouwer in plaats van deelnemer. Train jezelf in het idee dat je gedachten van jou zijn, maar dat jij geen slaaf bent van je gedachten. Jij bent de blauwe lucht, jij verandert niet. Zie de wolken voorbij drijven in de wetenschap dat het voor jou niet uitmaakt wat voor weer het is.

- Zie de humor in van het spelletje dat gedachten met je proberen te spelen. Als je kunt lachen om het feit dat je je weer eens in de maling hebt laten nemen, is dat een geweldige manier om de invloed van je verstand kleiner te maken. Als ik nadenk over alle idiote dingen die soms door mijn hoofd stuiteren, vraag ik me vaak af hoe ik al die onzin toch bij elkaar verzin. We hebben als mensen de rare gewoonte om onszelf en onze gedachten veel te serieus te nemen. Het is daarom belangrijk om te relativeren – je computer bepaalt niet wie jij bent en wat je doet, je leeft hier en nu.

- Uiteraard kunnen we ons verstand niet uitschakelen. Sterker nog, in veel gevallen hebben we ons verstand heel hard nodig. Dit hoofdstuk heeft als doel om jou te leren dat je afstand kunt nemen van je gedachten. Probeer de volgende stelling te hanteren: mijn verstand is niet mijn vriend, en ik kan niet zonder mijn verstand.

5
Identiteit, waarden en doelen

Wat blijft er van mij over als ik mijn gedachten loslaat? De meeste mensen die ik heb behandeld met deze methode kwamen met deze vraag. Ik ben zelf ook behoorlijk geschrokken van de leegte en stilte die je voelt op het moment dat je je gedachten laat voor wat ze zijn. Want met de kracht van je gedachten verdwijnt ook een stuk van je identiteit. Zoals de filosoof Descartes het zei: 'Ik denk, dus ik ben.' Enerzijds is het prettig om af te zijn van de negatieve invloed van gedachten, aan de andere kant vallen er daardoor grote stiltes, en kunnen er veel vragen opkomen.

Soms word je zo lang in beslag genomen door alles om je heen dat je vergeet wie je zelf bent. Doordat je continu bezig bent om gedachten, gevoelens en indrukken te verwerken, verlies je het contact met je ware ik. Soms ben je zo druk bezig met de wolken dat je de blauwe lucht erachter vergeet. Als je de stappen tot zover hebt gevolgd, én als je veel geoefend hebt, dan zul je je wellicht herkennen in dit gevoel. En dus is nu het moment gekomen om te gaan ontdekken wie er schuilt achter die wirwar van gedachten, gevoelens en indrukken.

Het zelf in drie lagen

De theorie waarop dit boek onder meer is gebaseerd heet Relational Frame Theory. Deze theorie vormt de basis van de therapie waar ik in dit boek onder meer over schrijf, de acceptatie en commitmenttherapie – afgekort ACT. Voor meer informatie over deze benaderingen kun je terecht op de website www.contextualpsychology.org.

Volgens de Relational Frame Theory kun je het 'zelf' opdelen in drie lagen: het conceptuele zelf, het zelfbewustzijn en het observerende zelf.

Het conceptuele zelf is het geheel van opvattingen dat we over onszelf en de wereld hebben. Bijvoorbeeld: ik ben perfectionistisch. Of: ik ben een piekeraar. Of: ik vind dat ik niet mag klagen. In feite is het conceptuele zelf de bril waarmee je naar de wereld kijkt. Je zoekt altijd naar een bevestiging van de opvattingen waar je in gelooft. Dit verklaart waarom mensen vaak ongevoelig zijn voor bijvoorbeeld complimenten. Als je conceptuele zelf je zegt dat je niets waard bent, dan draag je een bril die alleen de negatieve opmerkingen van anderen scherp ziet. Als je daarentegen een positief zelfbeeld hebt, zul je eerder geneigd zijn om negatieve opmerkingen van anderen te negeren. Het geheel van jouw opvattingen bepaalt dus wat je oppikt uit je omgeving.

Het zelfbewustzijn is een diepere laag van het zelf, waarin je je bewust bent van de dingen die gebeuren. Zo is er sprake van zelfbewustzijn als je beseft dat je gedachten je in de luren hebben gelegd. Op die momenten gaat er een lampje branden en *kijk* je als het ware naar wat er gebeurt, je neemt een stap terug waardoor je ziet waar je mee bezig bent. Je kunt je bijvoorbeeld bewust zijn dat je perfectionisme je weer parten speelt of je realiseren dat je iets verkeerd doet.

Het observerende zelf is dat deel van onszelf waarin we los van gedachten, regels en concepten in staat zijn te leven in het heden. Wie in staat is met regelmaat in dit deel van het bewustzijn te komen, beleeft over het algemeen veel piekervaringen. Dit zijn ervaringen waarbij je helemaal opgaat in het moment en volledig wordt bevangen door wat je aan het doen bent, zonder dat het verstand daarbij een bewuste rol speelt, bijvoorbeeld als je alles om je heen vergeet bij een mooie zonsondergang. Op zo'n moment oordeel je niet en denk je niet na; je bent in rust en harmonie en daardoor is er geen plaats voor afleidende gedachten – datgene wat je beleeft, kan ervoor zorgen dat er geen ruimte is om na te denken.

Laten we nu eerst een stap terugdoen door te kijken naar jouw conceptuele zelf. Net als iedereen beschik jij over een groot archief aan opvattingen, die gaan over wie jij bent en wat jij verwacht van de wereld. Nu gaat het er niet zozeer om of die opvattingen sterk positief of negatief gekleurd zijn. Als je daarover gaat nadenken, verval je snel weer in een oeverloze discussie met je verstand en ben je weer aan het schaken. Alle persoonlijke opvattingen hebben zowel negatieve als positieve kanten, maar dat is dus niet zo belangrijk.

Waar het vooral om gaat, is de mate waarin jij gehecht bent aan deze opvattingen. Concepten over het zelf zijn feitelijk pakketjes regels. Net zoals bij regels geldt bij concepten dat hoe strakker je eraan vasthoudt, hoe kwetsbaarder je bent ten opzichte van wat er om je heen gebeurt. Als ik bijvoorbeeld uitsluitend zou hechten aan het concept prestatie, dan kan ik onmogelijk genieten van een prachtige zonsondergang. Op zo'n moment doe en presteer ik immers helemaal niets en het stilzitten zou daardoor meteen een kettingreactie van negatieve gedachten veroorzaken.

Ook als een concept positief geladen is, kan het zorgen voor grote problemen. Ouders die sterk hechten aan het concept een goede ouder zijn, zullen zich iedere keer dat het even niet goed gaat met hun kinderen enorme zorgen maken omdat ze een bril ophebben die zegt dat het met de kinderen altijd goed moet gaan. Ook al hebben concepten vaak een positieve bedoeling, ze zorgen in de praktijk meestal alleen maar voor nog meer zorgen. Dit betekent natuurlijk weer niet dat je alle opvattingen over wat goed en slecht is zomaar moet laten varen. Je kunt alleen wel een ander uitgangspunt kiezen.

Een alternatief voor gedachten

Wat is het alternatief voor gedachten, regels en concepten? Het is prachtig als je in staat bent om ze minder serieus te nemen, maar wat blijft er dan over? Er is een stabiele factor in ons leven waarop wij ons gedrag kunnen baseren. In plaats van dat je luistert naar je gedachten, zou je kunnen gaan luisteren naar wat jij persoonlijk belangrijk vindt in je leven. Deze zogeheten waardegebieden zijn niet willekeurig, maar zijn ontstaan door je persoonlijkheid, je opvoeding en je aangeboren talenten. Ben je een sportief type, dan is sport een belangrijk waardegebied voor jou. Andere waardegebieden zijn bijvoorbeeld geloof, werk, gezinsleven, vriendschap en liefde. In dit hoofdstuk zullen we uitgebreid stilstaan bij jouw waardegebieden, die het alternatief zullen vormen voor de doctrine van je verstand. Alleen als je stabiele waarden als uitgangspunt neemt, kun je een stabiel leven leiden.

Laten we eens een inventarisatie maken van jouw waardegebieden. In tabel 5.1 staan gebieden beschreven die door veel mensen als waardevol worden beschouwd – uiteraard kan het zijn dat jij waardegebieden hebt die niet op dit lijstje staan, voeg deze dan toe. De bedoeling is dat je ieder gebied gaat scoren. Hoe belangrijk zijn deze gebieden voor jou? Als je een gebied heel belangrijk vindt, dan geef je het een 9 of 10. Als je een gebied totaal niet belangrijk vindt, dan geef je het een 1 of 2.

Tabel 5.1: Inventarisatie waardegebieden

Waardegebied	**Cijfer**
Familie	_____
Liefde	_____
Gezinsleven	_____
Vriendschap	_____
Werk/educatie/training	_____
Recreatie/plezier	_____
Geloof/spiritualiteit	_____
Deelname aan verenigingen	_____
Sport	_____

Vul nu in tabel 5.2 in in welke mate je de afgelopen twee weken aandacht hebt besteed aan deze waardegebieden. Als je bijvoorbeeld vindt dat je veel gewerkt hebt en weinig tijd aan je gezin hebt besteed, dan scoor je hoog op werk en laag op liefde en gezinsleven.

Tabel 5.2: Invulling waardegebieden

Waardegebied	**Cijfer**
Familie	_____
Liefde	_____
Gezinsleven	_____
Vriendschap	_____
Werk/educatie/training	_____
Recreatie/plezier	_____
Geloof/spiritualiteit	_____
Deelname aan verenigingen	_____
Sport	_____

De hoge scores op het eerste lijstje zijn waarden die jij heel belangrijk vindt. Als blijkt dat je op die gebieden laag scoort op het tweede lijstje, dan voel je waarschijnlijk al wat er aan de hand is.

Ons geluk wordt mede bepaald door de mate waarin wij de dingen doen die we belangrijk vinden. Deze test kan erg handig zijn omdat je snel een beeld krijgt hoe jij je leven invult. Zelf doe ik deze test iedere maand; het geeft mij een goed houvast omdat ik in een oogwenk kan zien wat ik te veel doe, en wat ik laat liggen. Ongetwijfeld zijn er obstakels die je beletten om je waardegebieden meer aandacht te geven. Daar gaan we het in het volgende hoofdstuk uitgebreid over hebben.

Laten we eerst eens kijken naar de lijst die jij hebt ingevuld. Toen ik deze test voor het eerst maakte, was ik overdreven veel met mijn werk bezig en had ik mijn sociale leven verwaarloosd. Ik vond het confronterend om dat zo zwart op wit te zien. Als jij de laatste tijd weinig aandacht hebt besteed aan waardegebieden die je heel belangrijk vindt, dan wordt het wellicht tijd om een plan te maken om te veranderen.

Het is niet de bedoeling dat je aan een of twee waardegebieden overmatig aandacht gaat geven. Het gaat er vooral om dat je zo breed mogelijk kijkt naar de dingen die jij belangrijk vindt. Als er meerdere dingen zijn waar jij je voldoening uit kunt halen, dan heeft dat drie belangrijke gevolgen.

Ten eerste zul je je een completer mens voelen. Toen ik me zo op mijn werk stortte, voelde ik mij wat dat betreft erg nuttig. Maar als ik na een lange dag thuiskwam, voelde ik de stilte van ontbrekende alternatieven; ik had alleen maar mijn werk.

Ten tweede ben je minder kwetsbaar als het op een van je waardegebieden even niet wil vlotten. Waardegebieden kunnen elkaar aanvullen, een goed sociaal leven kan ervoor zorgen dat problemen op het werk kunnen worden opgevangen met een luisterend oor. Sporten kan weer zorgen voor ontspanning na een ruzie met een vriend, enzovoort.

Ten derde zal je ware identiteit – de blauwe lucht – veel meer kleur krijgen, misschien wel het belangrijkste gevolg. In plaats van dat gedachten je vertellen wie jij bent, zul je je identiteit steeds meer kunnen afleiden uit wat je feitelijk doet in je leven. Omdat waarden stabiel zijn en gedachten niet, heeft dit een onmiskenbaar voordeel. 'Ik denk, dus ik ben' wordt zo geleidelijk vervangen door 'ik doe, dus ik ben'. Hoe meer aandacht je aan verschillende waardegebieden geeft, hoe groter je gevoel van eigenwaarde zal worden.

Tips en oefeningen

- Probeer het idee van de wolken en de blauwe lucht zelf te ervaren. Als je op straat loopt, stel je dan voor dat je gedachten voor je uitlopen, en dat jij daarachter een oogje in het zeil houdt. Ga ergens zitten, kijk naar de hemel en zie de wolken voorbij drijven – probeer je voor te stellen dat je je gedachten op de wolken schrijft. De wolken zijn jouw gedachten, en de lucht dat ben jij. De wolken drijven langzaam voorbij, terwijl jij de blauwe lucht daarachter bent en blijft, hoe bewolkt het ook is.

- Denk na over een plan van aanpak voor alle waardegebieden waar je meer aandacht aan zou kunnen besteden, zonder dat je denkt aan de mogelijke obstakels die je kunt tegenkomen. Daar gaan we het in het volgende hoofdstuk over hebben.

- Begin met de dingen te doen die nauwelijks of geen weerstand oproepen en wacht met dingen die je nog te moeilijk of te eng vindt. Probeer zoveel mogelijk praktisch te denken. Als je ergens niet toe komt, stel jezelf dan de volgende vraag: vind ik het eigenlijk wel belangrijk genoeg?

- Het kan goed zijn dat het gewicht dat je aan je waardegebieden hebt gehangen nog verandert. Dat komt dan waarschijnlijk omdat je sterk bent beïnvloed door je omgeving. Misschien vind je dat je iets belangrijk moet vinden omdat bijna iedereen het belangrijk vindt, terwijl het enkel en alleen om jou gaat. Alleen die waardegebieden die jij persoonlijk echt belangrijk vindt, zullen op den duur overeind blijven. Kort gezegd: ontdek wat jij belangrijk vindt, terwijl je actie onderneemt.

6

Accepteer je gevoelens, omarm de vijand

In dit hoofdstuk staan we uitgebreid stil bij de hobbels en valkuilen die je zult tegenkomen op je weg naar een bewuster en vollediger bestaan. Allereerst is het raadzaam om, los van alle gedachten en regels, een beeld te maken van onze realiteit. Mensen die leven op basis van regels en gedachten hebben vaak moeite om de wereld objectief te bekijken. Het is noodzakelijk dat we realistisch zijn als het gaat om de verwachtingen die we hebben van ons leven.

Reclames geven ons vaak het idee dat ons leven perfect moet zijn, en dat wij mooi en gelukkig kunnen zijn als we er maar hard genoeg voor werken. Als we maar genoeg verzorgingsproducten op ons gezicht smeren, worden we nooit echt oud, is de boodschap. Als we veel geld verdienen of lenen zodat we een grote auto kunnen kopen, dan worden we echt gelukkig. Je zult nooit een reclame zien waarbij een acteur met een enorm ochtendhumeur zijn Cornflakes naar binnen werkt. We worden getraind in het idee dat alles altijd goed moet zijn. Als je hoofdpijn hebt, moet je een pijnstiller slikken, en als je mobiel niet bereikbaar bent, tel je eigenlijk niet meer mee.

Al deze boodschappen proberen jou ervan te overtuigen

dat het altijd goed met je moet gaan. Dat beeld is natuurlijk totaal niet realistisch. Het leven kent pieken en dalen, en zit vol met vrolijke, maar ook tragische gebeurtenissen.

Omarm jouw realiteit

Veel hulpverleners hebben als uitgangspunt dat ze iemands lijden willen verlichten. Iemand is in hun ogen genezen als al zijn klachten zijn verdwenen. Dat dit idee niet realistisch is, blijkt uit de grote terugvalcijfers en het lage percentage mensen dat echt klachtenvrij uit een therapie komt. Mogen we verwachten dat iemand nooit meer in de problemen komt nadat hij in therapie is geweest?

Natuurlijk niet! Een dokter die zijn patiënt geneest van een zware griep kan ook niet de garantie geven dat die griep nooit meer terug zal komen. Wat hij wel kan doen, is zijn patiënt tips geven waardoor hij in de toekomst weet wat hij het beste kan doen als de griep weer de kop opsteekt: fruit eten, rust houden, enzovoort.

Vroeg of laat komen we in ons leven situaties tegen die dusdanig ingrijpend zijn, dat we er gegarandeerd verlamd door zullen raken. Onverwachte gebeurtenissen kunnen ons dusdanig verrassen dat we op dat moment niet in staat zijn om ons goed te verweren. Ook als we goed kunnen omgaan met stressvolle situaties, blijven we kwetsbaar voor de grillen van het leven.

Als voorbeeld noem ik een aantal gebeurtenissen die mij hoe dan ook te wachten staan:

- Mijn ouders zullen ooit overlijden.
- Ik zal in mijn leven te maken krijgen met ziekte bij mijzelf of mensen om mij heen.

- Ik zal ouder worden en daarmee lichamelijk minder gaan functioneren en minder kunnen dan ik nu kan.
- Ik zal teleurstellingen te verwerken krijgen op het gebied van werk, vriendschap en liefde.
- Ik zal vaak onzeker zijn omdat ik dingen niet goed doe, en ik zal veel fouten maken.
- Er zullen periodes zijn waarin ik het allemaal niet meer zie zitten.

Uiteraard staat hier tegenover dat ik vele momenten van geluk zal kennen, vriendschappen zal sluiten, de liefde zal ontdekken en succes zal hebben in mijn werk. Het lijkt negatief om zo duidelijk te stellen dat leven niet altijd een pretje is, maar als je het objectief bekijkt, is het dan niet raar dat we niet kunnen accepteren dat er dingen gebeuren die hoe dan ook zouden gebeuren?

Teleurstellingen, angsten en depressieve gevoelens komen meestal voort uit twee belangrijke aannames:

- We verwachten dat de wereld zich houdt aan onze regels. Iedere keer als een regel in de praktijk niet nagevolgd wordt, raken we van slag.
- We zijn vaak niet bereid om de realiteit zoals hij is te aanvaarden omdat we denken dat, als we maar hard genoeg knokken, we die realiteit wel naar onze hand kunnen zetten.

Er is een oud boeddhistisch gezegde: 'Als je piekert over dingen die je wel kunt veranderen, is piekeren niet nodig. Als je piekert over dingen die je niet kunt veranderen, heeft piekeren geen zin.'

Niet iedereen zal het met mij eens zijn als ik stel dat veel dingen ons simpelweg overkomen. Mensen die geloven dat alles gebeurt met een reden, en dat je krijgt wat je toekomt, zullen moeite hebben met mijn stelling dat veel gebeurtenissen in ons leven worden veroorzaakt door geluk of pech, oftewel: toeval. Ik vind het niet realistisch om sterk te geloven in een principe als rechtvaardigheid; als ik naar de wereld kijk, concludeer ik dat van rechtvaardigheid geen sprake is, ook niet in de natuur. Hoe vaak overkomt het jou dat je mensen ziet lijden die het in jouw ogen helemaal niet verdienen?

Het is moeilijk om te accepteren dat het leven vaak zijn eigen gang gaat, zonder dat jij daar vat op hebt. Het accepteren van wat je niet kunt voorspellen of veranderen is een noodzakelijke voorwaarde als je bestand wilt zijn tegen de grillen van het leven.

In plaats van dat we ons verzetten, kunnen we proberen om een houding aan te nemen waarbij we openstaan voor alles wat op ons pad komt. Het grote nadeel van ons gevecht tegen negatieve gebeurtenissen en gevoelens is dat het vechten de problemen alleen maar vergroot. Als je weigert om jouw realiteit te accepteren zoals die is, zul je iedere keer dat er iets vervelends gebeurt, moeten vluchten en vechten, waardoor je niet in staat zult zijn om het schaakbord in beweging te brengen.

Ik vind het bijvoorbeeld erg belangrijk dat ik succesvol ben in mijn werk. Maar als ik niet bereid ben om fouten te maken, zal ik proberen om fouten te vermijden. Hierdoor zoek ik moeilijke situaties niet op en ben ik niet in staat om nieuwe vaardigheden te leren.

Een ander voorbeeld: we kunnen praten tot je in een olifant verandert, maar als jij je ongemakkelijk voelt in sociale situaties, zal dat gevoel door praten nooit helemaal verdwijnen. De clou is dat dat ook helemaal niet hoeft. De vraag is juist of je bereid bent om al die vervelende gevoelens te ervaren, terwijl je doet wat je zo belangrijk vindt.

Als ik mag spreken voor een groep mensen over dit onderwerp, ben ik van tevoren altijd bloednerveus. Mijn hart gaat dan als een razende tekeer en er vliegen honderden gedachten door mijn hoofd over alles wat er fout kan gaan. Op die momenten stel ik mezelf altijd de volgende vragen: Ben ik bereid om dit nare, nerveuze gevoel te hebben? Ben ik bereid om samen met dit gevoel toch mijn presentatie te doen? Ben ik bereid om fouten te maken?

Een ander boeddhistisch gezegde is: 'Als je de vijand omhelst, kan hij je niet slaan.' Het idee van dit hoofdstuk is dat je vervelende gebeurtenissen en gevoelens niet kunt controleren of onderdrukken. Vergelijk het met het voorbeeld uit hoofdstuk vier over de momenten waarop je probeert om in slaap te komen, of heel erg je best doet om ergens niet aan te denken. Datgene wat je onderdrukt of probeert te vermijden, wordt waarheid doordat je het onderdrukt en vermijdt.

Deze tegenstelling vormt de sleutel die de deur naar een waardevol leven kan openen. Als je bereid bent om negatieve gevoelens te ervaren, zal de kans dat je ze niet zult hebben toenemen. Als je bereid bent om wakker te liggen, zul je makkelijker in slaap komen. Als je bereid bent om een negatieve gedachte te hebben, zul je waarschijnlijk minder last hebben van die gedachte.

Laten we een experiment doen. Probeer vijf minuten lang om absoluut geen negatieve gevoelens te hebben. Haal alles uit de kast en doe ontzettend je best om die gevoelens te onderdrukken of te vermijden. Zeg tegen jezelf dat je geen negatieve gevoelens mag hebben. Wees streng en hard en spreek jezelf bestraffend toe op het moment dat je ook maar iets ervaart wat lijkt op een negatief gevoel. Houd je strikt aan de tijd.

Bij de meeste mensen zorgt het zo strikt hanteren van regels over wat je niet mag voelen voor spanning en tijdens deze oefening dringen negatieve gevoelens zich vaak op. Anderen voelen die negatieve emoties juist na de oefening heel sterk. Wat doet het bij jou? Is het je gelukt om je negatieve gevoelens te vermijden?

Maak nu de vergelijking met situaties in je dagelijks leven en kijk of er overeenkomsten zijn in de manier waarop je met je emoties probeert om te gaan. Wat gebeurt er als je gevoelens probeert te onderdrukken?

Aan het eind van dit hoofdstuk staat een oefening die je kan helpen bij het in kaart brengen van dit soort situaties. Dit kan een goed hulpmiddel zijn als je erachter wilt komen wat de gevolgen zijn van je eigen gedrag, en wat wel en niet werkt.

We kunnen zo moeilijk accepteren dat we veel negatiefs in ons leven ervaren omdat ons vaak wordt ingepeperd dat we dat allemaal niet zouden hoeven te ervaren. Ons leven is tot in de puntjes geregeld en de meeste mensen zijn daardoor erg perfectionistisch geworden. Maar hoe perfect zijn we eigenlijk? In de praktijk gaan er nou eenmaal vaak dingen mis.

Ons probleem is niet zozeer dat we niet perfect zijn, maar dat we er alles aan doen om perfectie na te streven. We leggen de lat zo verschrikkelijk hoog dat we het ons niet meer kunnen permitteren om fouten te maken. Om dat te vermijden, slikken we antidepressiva, ontlopen we moeilijke situaties en vluchten we weg van alles wat deze perfectie zou kunnen aantasten. Ben jij iemand die altijd alles goed wil doen? Dat lijkt een nobel streven. Je zegt immers dat je altijd dienstbaar, vriendelijk en zorgzaam wilt zijn. Maar daardoor geef je jezelf geen ruimte om eens een keer iets niet goed te doen. Als jij iemand bent die vaak tegen zichzelf zegt dat je je niet moet aanstellen, dat je door moet zetten, dan ben je met precies hetzelfde bezig als tijdens de laatste oefening: je onderdrukt je eigen, menselijke, negatieve emoties.

Laten we eens kritisch kijken naar het woord 'perfectie'. Dit woord is afgeleid van de woorden 'volledig' (per) en 'creatie' (fect). In feite betekent het woord 'perfectie' dus volledige creatie. Een voorbeeld van zo'n volledige creatie ben jij, met alle positieve en negatieve elementen die jouw volledigheid vormen. Je bent dus al perfect, dat staat los van je gedrag. Het zijn de oordelen die we over ons gedrag geven die maken dat we een positief of negatief beeld van onszelf vormen. Maar wat we ook doen, in wezen blijven we altijd die volledige creatie, ook al willen we dat zelf niet geloven.

Pak eens een kopje uit de keuken en zet het voor je neer. Denk nu eens na over wat je van het kopje vindt dat voor je staat. Misschien vind je het mooi, lelijk, te groot, te klein, onhandig of juist heel handig. Stel nu dat alle mensen vandaag zouden uitsterven. Wat blijft er dan over van jouw oordeel over het kopje? Het kopje zou haar complete betekenis verliezen omdat er niemand meer is die er een oordeel over kan vellen. Het kopje zal gewoon een kopje zijn.

Nu terug naar je gedrag. Dat wat jij bestempelt als 'falen', zal geen falen meer zijn op het moment dat niemand er meer over oordeelt: het zijn de oordelen die maken dat iets goed of slecht is. En oordelen bestaan weer op basis van regels, waar we het eerder al uitgebreid over hebben gehad. Vanuit dit uitgangspunt wil ik graag dat je stilstaat bij de volgende stelling: je kunt niet falen, je kunt alleen maar resultaat boeken.

Ik heb een buurjongetje dat zo jong als hij is al veel wijsheid met zich meedraagt. Hij was eens uren bezig met het maken van een toren van lego. Toen deze toren voor de elfde keer in elkaar stortte, vroeg ik hem wat hij aan het doen was. Hij zei dat hij bezig was te leren hoe je een toren niet moet bouwen. Hij was pas acht jaar oud, zo zei hij, en men mocht niet van hem verwachten dat hij gelijk zou weten hoe hij iets goed moest doen. Vooral dat laatste raakte mij diep. Mogen wij van onszelf verwachten dat we alles steeds perfect doen? Is het realistisch om van onszelf perfect gedrag te eisen?

Het opzoeken van uitdagende situaties gaat vrijwel altijd gepaard met angstige gedachten en gevoelens. We merken dat ons perfectionisme op dat moment op het spel staat, omdat we niet zeker zijn dat we het perfect zullen doen. Om dit idee uit te beelden leg ik je de volgende metafoor voor.

Stel dat jij de bestuurder van een bus bent. Je hebt bepaalde bestemmingen voor ogen, plekken waar je naartoe wilt rijden. De bus zit vol met passagiers, die symbool staan voor jouw gedachten. Op het moment dat je gaat rijden, zijn er verschillende passagiers die beginnen te klagen dat je verkeerd rijdt. Ze roepen je van alles toe: dat je naar links moet in plaats van naar rechts, dat je te hard rijdt, enzovoort. Sommige komen zelfs uit hun stoel en gaan dreigend achter je staan. Maar aangezien jij de bestuurder bent, bepaal jij en alleen jij welke kant je opgaat. De vraag is: ben je bereid om de vervelende passagiers mee te nemen op je reis naar jouw bestemming?

Negatieve gedachten en gevoelens zullen er altijd zijn, hoe gezond en stabiel je ook bent. Of je nu links of rechts afslaat, er zal altijd een passagier zijn die het er niet mee eens is. En dus kun je maar beter niet naar de passagiers luisteren en zelf bepalen welke route voor jou de beste is.

Nog even terugkomend op het verhaal over realiteit: gedachten laten je in een realiteit geloven die helemaal niet bestaat. In gedachten heb ik de meest grote rampen meegemaakt op het moment dat ik voor een groep zou spreken. Dat ging van flauwvallen tot hartaanvallen en massaal uitgelachen worden. Maar in werkelijkheid gebeurde dit nooit.

Hiermee bedoel ik dat we een onderscheid moeten maken tussen wat gedachten ons vertellen en wat er werkelijk aan de hand is. De passagiers in de bus kunnen je laten geloven dat je totaal verkeerd rijdt, terwijl dit helemaal niet waar hoeft te zijn. Een cliënt van mij vertelde me ooit dat hij in het vliegtuig een keer een raar geluid hoorde, waarna hij er urenlang heilig van overtuigd was dat het vliegtuig zou neerstorten. Dit gebeurde uiteraard niet – een typisch voorbeeld van een passagier die hem wijsmaakte dat er van alles aan de hand was.

Als je dit boek tot zover hebt gelezen en toegepast, zul je in staat zijn om dit onderscheid te maken. Blijf oefenen om je oordelen te vellen op basis van de realiteit.

Nog een klein voorbeeld: ik was altijd bang om zeeziek te worden, het leek me vreselijk om dat mee te maken, zonder dat het me ooit was overkomen. En toen gebeurde het echt. Ik was op vakantie en werd misselijk tijdens een bootreisje. Als ik dat gevoel van toen vergelijk met de voorstelling die ik er van tevoren van had, dan moet ik bekennen dat mijn gedachten de gebeurtenis zwaar hadden gedramatiseerd. Ik durf te stellen dat alle drama's die je je in gedachten voorstelt in de praktijk voor meer dan de helft meevallen.

Maak een bewuste keuze

Een waardevol leven leiden, betekent dat je openstaat voor alles wat op je pad komt. Als je bereid bent om alles te laten gebeuren, zul je ervaren dat je veel meer kunt hebben dan je gedachten je wijsmaken. Mensen die in de meest onmogelijke situaties terechtkomen, verbazen zichzelf vaak omdat ze op die momenten geen mogelijkheid hebben om te vluchten. Denk maar eens terug aan een moment waarop gedachten niet de kans kregen om jou te overtuigen.

Ik moet hierbij altijd denken aan een vrouw die ik ken die door borstkanker geveld was en hele zware operaties moest ondergaan. Ik heb haar tijdens die periode niet één keer horen klagen. Ook miste ze geen enkele afspraak in het ziekenhuis. Het doel – beter worden – was ineens zo belangrijk dat ze angstige gedachten en gevoelens op de koop toe nam. Pas toen ze beter was, kregen haar gedachten weer de kans om haar van haar stuk te brengen.

Dit geeft aan dat we vaak vluchten en vermijden omdat we die mogelijkheid ook hebben. Stel jezelf nu de volgende vragen: Hoe wil ik aan het eind van mijn leven terugkijken op mijn leven? Ben ik bereid om mijn leven lang waardevolle ervaringen te vermijden, met alle gevolgen van dien?

We zijn op het punt gekomen dat we deze keuze bewust kunnen maken. Het maakt niet zoveel uit wat je kiest, als het maar een bewuste keuze is. Als jij ervoor kiest om situaties permanent te vermijden, dan kan dat. Maar met die keuze kies je ook voor de gevolgen van die keuze: sociale isolatie, minder voldoening, enzovoort. Als je ervoor kiest om niet meer te vermijden, kies je dus ook voor het totaalpakket als gevolg van die keuze: meer voldoening, maar ook meer obstakels.

Verklaringen en oorzaken

Om de bus te laten rijden, is het raadzaam om een belangrijke gewoonte af te leren. We zijn als mensen bijna altijd bezig met het zoeken naar oorzaken en verklaringen voor ons gedrag en voor wat ons overkomen is. Veel therapeuten haken hierop in door lange gesprekken te voeren over hoe de problemen toch allemaal zijn ontstaan. Als er een oorzaak is gevonden die aannemelijk lijkt, geeft dit vaak rust omdat je begrijpt waar de ellende is begonnen. De functie van dit soort gesprekken is meestal dat het gevoelens van schuld kan wegnemen.

Maar eigenlijk is het zoeken naar verklaringen en oorzaken niets anders dan een discussie die je voert met de passagiers in de bus. Zij willen weten waar je geweest bent, of je wel het juiste rijbewijs hebt en of je wel weet waar je naartoe gaat en waar je vandaan komt. Ondertussen staat de bus stil.

Je kunt je verleden op alle mogelijke manieren uitleggen. Het ligt er maar net aan naar welke passagier je het beste luistert. Als voorbeeld nemen we Joost. Hij probeerde in therapie een verklaring te vinden waarom hij zo verlegen was. Hij kwam met de meest ingewikkelde theorieën over gebrek aan aandacht van zijn ouders, pesterijen door oudklasgenoten, enzovoort. Na tien sessies dacht hij eruit te zijn, maar toen kwam een vriend van hem met een hele andere analyse. Volgens hem leek Joost als twee druppels water op zijn vader en was de oorzaak van zijn verlegenheid dus puur genetisch bepaald.

Zo blijkt maar dat je verschillende verklaringen en oorzaken kunt bedenken die allemaal even logisch klinken, maar hoeveel verklaringen je ook verzamelt, de situatie blijft nog steeds hetzelfde. Ook kan het zoeken van verklaringen een vorm van vermijding zijn: doordat je steeds achteruit kijkt, hoef je niet vooruit te kijken. Als je zelf bezig bent met het zoeken naar verklaringen voor je problemen, kun je jezelf de volgende vragen stellen:

- Op welke manier word ik door dit verhaal geholpen?
- Helpt een beschrijving uit het verleden mij om vooruit te kijken?

- Helpt dit mij, of is dit weer iets wat het verstand met me probeert te doen?
- Ben ik nu een oplossing aan het zoeken, of ben ik weer aan het schaken?
- Heb ik dit verhaal al eens eerder aan mezelf of aan anderen verteld?
- Als ik de garantie zou hebben dat mijn verklaring voor 100 % klopt, zou dat me dan helpen?
- Oké, laat ik vaststellen dat mijn verklaring klopt. En nu?

Tips en oefeningen

- Probeer de ideeën uit dit hoofdstuk in jouw realiteit toe te passen. Als je alleen al tijdens het maken van keuzes kunt denken aan de metafoor met de passagiers in de bus, kan dat je helpen om een onderscheid te maken tussen je gedachten en je waarden. Belangrijk is dat het helemaal niet erg is als je de fout in gaat. Probeer vooral te zien wat er gebeurt, welke regels ineens actief worden, of welke passagiers ineens beginnen te klagen over je stijl van rijden.

- Probeer realistisch te zijn in de verwachtingen die je hebt van jezelf en de wereld. Probeer je eigen fouten en grillen te accepteren en train jezelf erin om zachtmoedig en vergevend te zijn ten opzichte van jezelf en je omgeving. Je bent al een volledige creatie. Zie je gedrag meer als experimenten en probeersels, en wees bereid om wat speelser te zijn. Beloon jezelf als je een fout maakt: als jij jezelf toestaat om fouten te maken, sta je jezelf dus ook toe om te leren en te groeien. Dat is wel een beloning waard, vind je niet?

- Bekijk de lijst van waardegebieden die je hebt opgesteld in het vorige hoofdstuk, en richt je op die waardegebieden die je het belangrijkst vindt. Ben je bereid om die waardegebieden je hele leven te negeren, en ben je bereid om de gevolgen daarvan te dragen?

- Registreer drie weken lang wat de gevolgen zijn van de manier waarop jij omgaat met vervelende gevoelens in moeilijke situaties. Kijk naar de mate waarin je je verzet en de mate waarin je worstelt, en schrijf op wat het gevolg daarvan is. Je kunt daarvoor gebruikmaken van tabel 6.1. Geef aan het eind van iedere dag de drie domeinen een score waarbij 1 staat voor *totaal niet*, en 10 voor *in extreme mate*.

Tabel 6.1: Dagregistratie omgaan met gevoelens

Domein	**Ma**	**Di**	**Wo**	**Do**	**Vr**	**Za**	**Zo**
In welke mate ben je overstuur geweest? (Denk aan angst, depressie en piekeren.)	___ ___ ___	___ ___ ___	___ ___ ___	___ ___ ___	___ ___ ___	___ ___ ___	___ ___ ___
In hoeverre heb je geworsteld om ervoor te zorgen dat die negatieve gedachten en gevoelens zouden verdwijnen?	___ ___ ___	___ ___ ___	___ ___ ___	___ ___ ___	___ ___ ___	___ ___ ___	___ ___ ___

Domein	**Ma**	**Di**	**Wo**	**Do**	**Vr**	**Za**	**Zo**
Als het hele leven zou	__	__	__	__	__	__	__
verlopen zoals deze dag,	__	__	__	__	__	__	__
in welke mate zou je gedrag	__	__	__	__	__	__	__
van vandaag dan bijdragen							
aan een gezonde en							
effectieve manier van leven?							

Het is van groot belang dat je in de praktijk ziet wat de gevolgen zijn van je strijd. Het kan je helpen in het versterken van het idee dat het misschien beter is om die strijd helemaal niet aan te gaan.

- Doe hetzelfde voor de momenten dat je oorzaken en verklaringen zoekt voor je gedrag. Kijk naar het effect dat het graven en zoeken heeft op je stemming. Je kunt hiervoor tabel 6.2 op de volgende pagina gebruiken. Vul een score voor het effect in de laatste kolom in, waarbij 1 een negatief effect is, 5 geen effect en 10 een zeer positief effect.

Tabel 6.2: Redenen als oorzaken

Datum en tijd	**Welke gebeurtenis of welk gedrag probeerde je te verklaren?**	**Wat was de invloed hiervan op je stemming?**

7
De waardevolle weg inslaan

Nu is het moment gekomen om een plan te maken dat de leidraad zal zijn bij het breder en vollediger invullen van je waardegebieden. Laten we samen dat pad gaan bewandelen en kijken wat we op onze weg zullen tegenkomen. Het is mijn stellige overtuiging dat je alleen door praktijkervaring kunt leren hoe je dingen het best kunt aanpakken. Ik hoop dan ook dat je alle oefeningen die ik heb aangedragen, hebt gedaan. Nogmaals, aan dit boek alleen heb je niet zoveel, voor het lezen van dit boek gebruik je immers je verstand. Via je verstand probeer ik jou te motiveren om je verstand te laten voor wat het is, in de hoop dat je daarna de wereld ingaat om te ervaren en te voelen wat je al die tijd gemist hebt.

Belangrijk is ook dat je weet dat dit niet vanzelf gaat. De macht der gewoonte is zo sterk dat je waarschijnlijk nog vaak ten prooi zult vallen aan de doctrine van je gedachten. Dat gebeurt mij ook nog regelmatig, maar het verschil is dat ik me er nu van bewust ben dat het gebeurt. Hierdoor ben ik makkelijker in staat om afstand te nemen. Zie het als een schaakwedstrijd, waarbij je steeds vaker toeschouwer bent, in plaats van de verliezend speler.

Om de weg naar een waardevoller leven in te kunnen slaan, heb je een concreet plan nodig. Dit betekent dat je duidelijke doelen mag opstellen die de leidraad zullen vormen voor je gedragsexperimenten. Je kunt deze doelen het beste positief formuleren. Hiermee bedoel ik dat je niet het probleem als uitgangspunt neemt, maar de oplossing die je wilt bereiken:

- In plaats van dat je zegt dat je niet meer eenzaam wilt zijn, kun je als doel stellen dat je meer sociale contacten zou willen hebben.
- In plaats van dat je zegt dat je niet meer angstig wilt zijn, is het beter om als doel te stellen dat je dingen wilt doen waar je eigenlijk bang voor bent.

Ik weet dat ik erg hamer op de woorden die je gebruikt, maar kijk eens naar deze zinnen. Het woordje 'niet' is in dit geval de boosdoener. Als je dat woord gebruikt, zeg je eigenlijk weer tegen jezelf dat je *niet* eenzaam of angstig *mag* zijn. Zie je hoe geniepig woorden kunnen zijn?

Om een concreet plan te maken, kun je het best de lijst met je belangrijke waardegebieden gebruiken. Schrijf bij ieder waardegebied minstens drie specifieke opdrachten die je zou kunnen uitvoeren. De opdrachten moeten als doel hebben dat ze meer invulling geven aan wat jij belangrijk vindt in je leven. In de volgende paragraaf gaan we aan de slag.

Plan van aanpak

In tabel 7.1 staat een aantal waardegebieden. De bedoeling is dat je gaat nadenken over wat je binnen die waardegebieden graag zou willen bereiken. Je zult merken dat sommige waardegebieden elkaar overlappen; gezinsleven en liefde gaan bijvoorbeeld al snel hand in hand. Probeer toch om het onderscheid duidelijk voor ogen te houden.

Sommige waardegebieden zullen voor jou niet belangrijk zijn. Sla deze gebieden over en richt je op wat jij belangrijk vindt in je leven. Daarnaast wil ik je vragen om je realistische kijk even te laten varen. Hiermee bedoel ik dat je misschien het idee hebt dat je sommige doelen nooit zult bereiken, en dat bepaalde verlangens altijd wel dromen zullen blijven. Probeer daaraan voorbij te gaan door je voor te stellen wat je echt zou kunnen doen als alle omstandigheden gunstig zouden zijn. Stel je voor dat alles mogelijk is en schrijf op wat je allemaal zou kunnen ondernemen. Als voorbeeld heb ik voor alle waardegebieden mogelijke doelen en plannen opgesteld.

Tabel 7.1: Doelen en plannen waardegebieden

Waardegebied	**Wat zou je graag willen doen?**
Familie	Doel: een betere band met mijn ouders Plan: 1. Elke week op bezoek gaan. 2. Een gesprek voeren over wat mij dwars zit. 3. Een etentje organiseren.

Waardegebied	**Wat zou je graag willen doen?**
Liefde	Doel: mijn huwelijk nieuw leven inblazen Plan: 1. Samen een weekend weggaan, zonder kinderen. 2. Elke dag minimaal vijf bewuste complimenten geven over iets wat hij of zij doet. 3. Bloemen of een speciaal cadeautje kopen.
Gezinsleven	Doel: een betere ouder worden Plan: 1. Iedere dag samen een spelletje doen. 2. Een dagje uit organiseren. 3. Mijn kinderen bij het naar bed brengen zeggen dat ik van ze hou.
Vriendschap	Doel: een drukker sociaal leven Plan: 1. Vrienden opbellen om iets af te spreken. 2. Minimaal eens per week naar de kroeg of bioscoop. 3. Me aansluiten bij een club.
Werk/educatie/ training	Doel: meer voldoening in mijn werk Plan: 1. Meer contact zoeken met collega's. 2. Eventuele conflicten uitpraten. 3. Informatie verzamelen over bijscholing.

Waardegebied	**Wat zou je graag willen doen?**
Recreatie/plezier	Doel: meer aan sport doen Plan: 1. Opschrijven welke sporten ik leuk vind. 2. Een vriend opbellen om samen te gaan sporten. 3. Minimaal eens per week tijd vrijmaken om te sporten.
Geloof/spiritualiteit	Doel: verdieping van mijn geloof Plan: 1. Een boek lezen over mijn geloof. 2. Iedere zondag naar de kerk gaan. 3. Dagelijks een kwartier vrijmaken om te bidden of te mediteren.
Deelname aan verenigingen	Doel: bij een groep horen Plan: 1. Een lijst maken van alle verenigingen in de buurt. 2. Kiezen welke vereniging het beste bij me past. 3. Binnen twee weken beslissen of ik me aansluit bij deze vereniging.
Sport	Doel: lichamelijke conditie verbeteren Plan: 1. Minimaal vijf keer per week gezond eten. 2. De auto laten staan en zoveel mogelijk dagelijkse dingen met de fiets doen. 3. Vroeg opstaan en op tijd naar bed gaan.

Waardegebied	**Wat zou je graag willen doen?**
Overig	Doel: een concert bezoeken Plan: 1. Oefenen met acceptatie van de spanning die het idee alleen al opwekt. 2. Bereidheid genereren om toch te doen wat ik zo graag wil. 3. Oefenen met gelijksoortige situaties in het klein – drukke kroegen, enz.

Dit is een behoorlijk groot plan, maar het dient dan ook alleen als voorbeeld. Richt je alleen op die waardegebieden die je echt belangrijk vindt, en gun jezelf de ruimte door te beginnen met twee of drie van die gebieden in de eerste twee weken.

Het zou mij niets verbazen als je alleen al door het opstellen van je plan allerlei gespannen gedachten en gevoelens hebt over wat er allemaal mis kan gaan als je werkelijk gaat doen wat je hebt opgeschreven. Dit is heel normaal omdat je waarschijnlijk al eerder over al deze dingen hebt nagedacht. Kennelijk verwacht je verstand bij voorbaat al dat je bepaalde dingen niet aankunt.

Neem even een paar minuten de tijd om dit gevoel van spanning te ervaren. Stel je eens voor dat je nu gedwongen zou worden om de dingen te doen waar je zo bang voor bent. Let op je ademhaling en je hartslag, en probeer je gedachten te observeren. Sta jezelf toe om deze negatieve gevoelens vijf minuten lang te hebben, zonder dat je iets doet om ze te verjagen.

Probeer tijdens deze oefening een hele open houding aan te nemen. Spreid je armen alsof je iemand wilt omhelzen. Verzet je op geen enkele manier tegen die negatieve gevoelens. Sterker nog, probeer ze te onthalen. Nodig alle negatieve gevoelens en gedachten die je ooit hebt ervaren uit en laat ze toe. Let goed op wat dit allemaal met je doet en loop niet weg voor je gevoelens op het moment dat je verstand je vertelt dat het genoeg is geweest, of dat je dit niet aankunt.

Deze oefening is bedoeld om je vertrouwd te maken met het effect dat uitdagende situaties kunnen hebben op je gemoedsrust. Als je kiest voor een waardevol leven, kies je ook voor deze gevoelens. Je kunt dat niet los van elkaar zien omdat positieve en negatieve gevoelens altijd hand in hand zullen gaan. Helaas, maar waar. Als je als waarde hebt dat je zonder alcohol wilt leven, zul je op je weg naar ontnuchtering een scala van negatieve gedachten en gevoelens tegenkomen. Als je gevoelig bent voor drukke bioscopen en theaters, zul je altijd gevoelens van onrust blijven ervaren als je jezelf in zo'n situatie zet. Als je bereid bent om die onrust te ervaren, zul je niet meer beperkt worden in je vrijheid.

De man die mij sterk heeft geïnspireerd om over dit onderwerp een boek te schrijven is de Amerikaanse psycholoog Steven Hayes. Ik ontmoette hem twee jaar geleden op een congres, een paar minuten voordat hij voor zevenhonderd mensen een betoog moest houden over dit onderwerp. Ik vroeg hem of hij niet vreselijk zenuwachtig was. Hij vertelde dat hij precies op dat moment een paniekaanval had, terwijl hij met me sprak. Toen ik hem vroeg hoe hij dan toch in staat was om op het podium te gaan staan zonder dicht te klappen, spreidde hij zijn armen en zei hij: 'Door de angst te omhelzen. Ik vraag mijn paniekaanval of hij samen met mij op het podium wil gaan staan. Ik zeg letterlijk: "kom maar met me mee." Ik vind het belangrijk om dit soort lezingen niet te vermijden, en daarom neem ik die paniekaanval voor lief.'

Nu is het zo dat Hayes dit werk al meer dan 35 jaar doet – je zou toch verwachten dat hij nu niet meer zo zenuwachtig zou zijn als in het begin. Maar het tegendeel was dus waar. Maar hij deed het, hij stond er, en in gedachten zag ik zijn paniekaanval balend naast hem staan.

Om je een beeld te geven van dit idee wil ik je graag het volgende voorleggen: kijk naar de negatieve gedachten en gevoelens die je ervaart voordat je een uitdaging aangaat. Stel je voor dat het meenemen van al dit negatiefs de sleutel vormt voor het inslaan van de waardevolle weg. De bereidheid om spanning te ervaren, staat dus voor de bereidheid om dit soort sleutels mee te nemen. Ben je bereid om jouw sleutels mee te nemen?

Het leven zit vol met tegenstrijdigheden, waarvan dit misschien wel een van de grootste is. Angst kan verlammend werken, maar diezelfde angst heb je nodig als je wilt doen wat je belangrijk vindt. Angst kan je scherp maken en je helpen op je weg naar een waardevoller leven. Zonder angst is er geen uitdaging. Het rare van tegenstrijdigheden is dat ze elkaar nodig hebben. Wit kan niet zonder zwart, en jij kunt niet gelukkig zijn als je niet bereid bent om bang te zijn. Neem even de tijd om dit op je in te laten werken.

Stel dat je een feest geeft voor alle mensen bij jou in de buurt. Iedereen komt opdagen, zelfs de buurtzwerver die nogal vaak voor overlast zorgt. Je laat iedereen binnen behalve hem. Vervolgens ben je de hele avond bezig om politieman te spelen. Je kijkt of hij niet stiekem via de achterdeur is binnengeslopen, en je zegt tegen iedereen dat ze jou moeten waarschuwen als ze hem in de buurt van je huis zien. Hierdoor kom je er niet aan toe om te genieten van je feest.

Ben jij bereid om jouw zwerver uit te nodigen op je feest? Hoe je het ook wendt of keert, hij hoort bij de buurt en dus hoort hij ook op het feest te zijn. Als je hem uitsluit, verpest je je eigen feest.

Tips en oefeningen

Ga de wereld in om je plan uit te voeren. En oh ja: vergeet je sleutels niet!

8

Het pad volgen

Nu we op weg zijn, kunnen we ons gaan concentreren op de obstakels die we tijdens onze reis zullen tegenkomen. Zeer waarschijnlijk zullen we dingen tegenkomen die we niet in ons leven willen hebben. Waar je ook heen gaat, ieder pad dat je volgt zal bochten, hobbels en valkuilen hebben.

Bereidheid om de keerzijde van het leven te omarmen, wordt vaak gelijkgesteld aan willen, maar dat gaat niet op. Want als we eerlijk zijn, dan willen we die vervelende dingen eigenlijk helemaal niet omarmen. We hoeven onszelf dan ook niet voor te liegen; het is helemaal niet leuk om bang te zijn, of om tegenslagen te verwerken. Als het aan onze wil lag, gebeurden al die dingen helemaal niet.

Bereidheid is dan ook iets heel anders dan willen. Bereidheid is een keuze, terwijl willen een wens is. We willen allemaal een leven zonder obstakels. Hoe mooi zou het wel niet zijn als we gevrijwaard waren van alle ellende die hoort bij het leven!? Maar als we de wil als uitgangspunt nemen op onze tocht naar een waardevoller bestaan, zullen we nooit echt ergens uitkomen. Wat we dan namelijk gaan doen, is dingen vermijden die we diep van binnen eigenlijk helemaal niet willen. 'Willen' zou je kunnen zien als een soort regel.

Met 'willen' zeggen we in feite dat we alles willen doen om de omstandigheden naar onze hand te zetten. We zeggen daarmee niet dat we bereid zijn om toevalligheden te accepteren. We willen bijvoorbeeld niet vermijden en daardoor doen we er alles aan om het vermijden te vermijden. Maar wat nu als je echt voor het blok wordt gezet door de omstandigheden? Wat nu als er met de beste wil van de wereld niet gebeurt wat jij wilt?

Bereidheid heeft veel te maken met het begrip onthechting. Dit uitgangspunt vormt de eigenlijke basis van dit boek. Om een eenheid te kunnen maken van de tegenpolen van het leven, is het nodig dat we het principe omarmen dat deze polen met elkaar verbindt. Om dit te illustreren wil ik je graag het volgende voorleggen:

- Je kunt alleen dingen vasthouden als je bereid bent om diezelfde dingen ook weer los te laten.
- Geluk vloeit voort uit de bereidheid om je tranen te omarmen.
- Zonder het slechte zou het goede niet bestaan.
- Als je niet bereid bent om te vallen, is er ook geen weg naar boven.

De kern is: lijden is een noodzakelijke voorwaarde voor de herkenning van geluk. Hoe kunnen we weten of het goed met ons gaat als we dat niet kunnen vergelijken met periodes waarin het slecht met ons gaat? Laat dit idee even rustig op je inwerken voordat je verder gaat met lezen.

Bereidheid schept vrijheid

We zijn dagelijks bezig met het interpreteren van wat ons overkomt. We geven aan of iets goed, slecht, mooi of lelijk is, en daarmee vormen we onze visie op onszelf en ons leven. Als jij bijvoorbeeld maar vaak genoeg van anderen hoort dat je knap of lelijk bent, dan vormt zich daardoor vanzelf een positief of negatief zelfbeeld. Dit principe kun je vergelijken met de kreet 'je bent wat je eet'; je voeding bepaalt op den duur hoe je eruit gaat zien. Op dezelfde manier bepaalt je omgeving ook hoe je op den duur naar jezelf gaat kijken.

We zijn allemaal gevormd uit de optelsom van onze omstandigheden. De invloed van de omgeving is zo sterk dat we ons daar op geen enkele manier echt krachtig tegen kunnen verweren. Uiteraard heb je je eigen identiteit en ben je geboren met unieke eigenschappen; de een zal daardoor anders op een situatie reageren dan de ander. Maar toch is het de omgeving die uiteindelijk bepaalt hoe jouw persoonlijkheid zich manifesteert. Dit is een zeer radicaal idee en ik kan me voorstellen dat je het niet met me eens bent. Maar laten we eerst eens in jouw leven kijken of er misschien een kern van waarheid in zit, voordat je deze stelling verwerpt.

De meeste mensen hebben moeite met het idee dat de omgeving sterker is dan het individu omdat we dan erkennen dat we geen controle hebben over wat ons overkomt. Het zou mij niets verbazen als er nu al verschillende regels in je hoofd actief worden die zeggen dat je wel degelijk de macht hebt over je eigen leven – probeer echter om even niet te schaken. Ik zal een aantal voorbeelden geven die verduidelijken wat ik bedoel.

Naast het werk dat ik doe als psycholoog, haal ik veel voldoening uit het maken van muziek. Ik mag af en toe spelen voor groepen mensen, en dan merk ik dat ik daar geen enkel probleem mee heb. Zelden ben ik zo zenuwachtig dat het me stoort. En dat terwijl ik altijd razend nerveus ben als ik voor een groep mag spreken over deze therapievorm. Ik vroeg me af hoe dat kon, muziek maken voor een groep vind ik namelijk veel moeilijker dan het houden van een voordracht, terwijl ik in de praktijk veel makkelijker speel en zing dan dat ik praat.

Toen ben ik terug gaan redeneren en kwam ik tot de conclusie dat ik ooit een negatieve ervaring heb gehad met het spreken voor groepen. Ik viel op de middelbare school ineens helemaal stil tijdens een spreekbeurt. Ik vond dat toen een vreselijke afgang en sindsdien is dat beeld me heel sterk bijgebleven. Toevallig of niet heb ik nog nooit zoiets meegemaakt met het spelen voor publiek; ik ben gevoelig voor het een, en ongevoelig voor het ander vanwege de toevallige ervaringen die ik met beide bezigheden heb gehad, hoezeer ze ook op elkaar lijken.

Laten we even teruggaan naar het begrip ‘willen’. Als het zo is dat we zelf de macht hebben over wat ons overkomt, hoe kan het dan dat we zoveel dingen meemaken die we helemaal niet willen meemaken?

Op de psychologische hulpverlening rust een taboe dat samengevat kan worden als: ‘Als je hulp zoekt voor je problemen, heb je een zwakke persoonlijkheid. Iemand met een sterke persoonlijkheid heeft die hulp niet nodig.’ Vaak gaan mensen nog een stapje verder door te stellen dat mensen met een sterke persoonlijkheid ongevoelig zijn voor de grillen van de omgeving. Met andere woorden, als je een sterke persoonlijkheid hebt, kom je sowieso niet in de problemen omdat je bestand bent tegen de omstandigheden.

Ik wil dit met vuur bestrijden. Mijn ervaring is dat mensen die in therapie gaan vrijwel altijd een hele sterke persoonlijkheid hebben – vaak snappen ze zelf niet dat ze zo diep hebben kunnen vallen. De meesten zeggen dat ze zijn overvallen door onverwachte gevoelens en omstandigheden. Meestal hebben ze zelf al keihard gewerkt en vrijwel alles geprobeerd om uit het dal te kruipen. Als je hoort wat hen allemaal is overkomen, dan begrijp je dat zelfs de beste wil van de wereld niet bestand is tegen zoveel tegenslagen.

In plaats van in ons eentje proberen te vechten tegen de omgeving, kunnen we proberen om onze omgeving te accepteren zoals die is. Op die manier erkennen we dat de macht die we proberen uit te oefenen geen macht is, maar een wanhopige poging om vat te krijgen op iets wat we niet kunnen veranderen. Bereidheid is een keuze; je kiest ervoor om je niet bezig te houden met dat wat je niet kunt veranderen. Je geeft je als het ware over aan het leven. Op het moment dat je in staat bent om dat te doen, ontstaat er de ruimte om binnen die omstandigheden je eigen leven in te kleuren. Bereidheid is de belangrijkste voorwaarde voor transformatie, voor echte verandering. In de volgende paragraaf gaan we hier dieper op in.

Transformatie: een nieuwe kijk op onze omstandigheden

Stel je eens voor dat je je niet meer bezighoudt met alles wat je niet kunt veranderen, en dat je je alleen nog maar richt op datgene wat je wel kunt veranderen. Kun je je voorstellen dat je op die manier veel meer voldoening uit je leven haalt?

De frustratie bij veel mensen die in therapie gaan, heeft

vaak weinig te maken met de situatie. Mensen zijn vaak vooral geïrriteerd vanwege het feit dat al hun verwoede pogingen om de situatie naar hun hand te zetten niet werken. Mensen halen voldoening uit bezigheden die een positief resultaat opleveren. Als je pogingen om veranderingen aan te brengen niet effectief zijn, levert dit gevoelens van zinloosheid en frustratie op. Zo simpel is het.

Als je kiest voor bereidheid, kies je ervoor om al je negatieve omstandigheden, gedachten en gevoelens te omarmen, zelfs als deze je soms tijdelijk verlammen. Mijn studiebegeleidster noemde dat ook wel 'rotzooi verzamelen'. Als je bereid bent om alle narigheid die jouw realiteit omvat te accepteren, zul je deze rotzooi kunnen gebruiken als brandstof voor jouw vuur. Eigenlijk is het omarmen van je leed dus een voorwaarde om echt gelukkig te kunnen worden.

Als je iets echt belangrijk vindt, en je kiest voor de bereidheid om alle bijwerkingen – bijvoorbeeld paniekgevoelens – te verdragen die het medicijn – bijvoorbeeld het opzoeken van een bepaalde situatie – met zich meebrengt, dan zul je merken dat er iets verandert. Als je bereid bent om negatieve gevoelens met je mee te dragen, is de kans groot dat deze gevoelens op den duur transformeren in positieve gevoelens. Oftewel, de rotzooi kan worden gebruikt als extra brandstof.

Zelf moet ik hierbij denken aan de momenten dat ik over een bepaalde drempel heen ben, en ik merk dat het spreken me goed afgaat. Vaak voel ik dan een enorme kick, omdat ik merk dat ik het ook met angst goed kan doen. Op dat moment wordt de angst dus ineens positief geladen, omdat je merkt dat de voorspelde rampen uitblijven.

Als dit proces eenmaal is begonnen, kan het een keten van positieve gevoelens veroorzaken. Als jij ervaart dat je in staat bent om je angst te transformeren in vuur, zul je die ervaring kunnen gebruiken in andere situaties. Wees je bewust van momenten waarop je ervaart dat je angst omslaat in een lekker, voldaan gevoel. Dat is transformatie. Op die momenten zul je ervaren dat je wel degelijk invloed kunt uitoefenen op de manier waarop je leven wordt ingevuld. Het gaat om wat je doet met hetgeen je aangereikt krijgt. Als je weigert om je angst te omarmen, ontstaat er op den duur een grote berg rotzooi. Als je die angst omarmt, zou die voor je ogen wel eens kunnen veranderen in vuur.

De reis als bestemming

Als je op weg bent met het invullen van je waardegebieden, probeer je dan zoveel mogelijk te richten op de reis zelf. De bestemming is vaak een ideaal, een soort eindpunt dat we willen bereiken. Maar deze bestemming heeft vooral als doel dat je op reis gaat. Het reizen zelf – de ervaring – is veel belangrijker dan het bereiken van de finish.

Stel je eens voor dat je gaat skiën. Je hebt als bestemming een dorpje in het dal, waar je uiteindelijk aan hoopt te komen. Boven aan de berg sta ik naast je en ik vraag je wat je bestemming is. Als ik hoor dat je naar het dorpje in het dal wilt, zet ik je in een helikopter die ons in twee minuten naar beneden brengt. Waarschijnlijk zul je me dit niet in dank afnemen – de lol was voor jou nou net het skiën naar het dal toe. Zonder de weg ernaar toe is het bereiken van een bestemming helemaal niet meer belangrijk.

Als je dingen doet die je helpen om je doel te bereiken, kan dat op zich al veel voldoening geven omdat je daarmee goed en zinvol bezig bent. Probeer zoveel mogelijk te genieten van het proces zelf, en beloon jezelf met een compliment bij iedere stap die je zet. Alles wat jij doet om je doel te bereiken, zorgt er op zich al voor dat je je een vollediger mens gaat voelen.

Verwacht geen wonderen van jezelf

Je verstand zal nog regelmatig proberen om jou van de wijs te brengen. Bepaalde regels kunnen nog steeds zo sterk zijn dat ze, zodra het even tegenzit, als een boemerang door je hoofd zullen scheren. Gun die regels hun bestaansrecht. Onderdruk ze niet en dwing jezelf nergens toe. Je hoeft niet alles gelijk goed te doen, dat is namelijk ook weer een regel. Gun jezelf een aantal maanden de tijd om met de ideeën uit dit boek te experimenteren.

Het is niet zomaar wat om je gewoontes te doorbreken. Waarschijnlijk trap je nog vaak in de val van je gedachten. Maar iedere keer dat het je lukt om je gedachten niet zo serieus te nemen, elke keer dat je merkt dat je aan het schaken bent, steeds als je voelt dat je ten prooi valt aan een regel en iedere keer dat je jouw realiteit met overgave weet te omhelzen, kom je weer een stapje dichterbij. Hoe vaker dit gebeurt, hoe groter de kans wordt dat oude gewoontes plaats zullen maken voor nieuwe.

Verwacht geen ideale weg

Ik wil de dingen niet mooier maken dan ze zijn – ik ga je niet vertellen dat je altijd gelukkig zult zijn als je deze methode toepast. De realiteit van het leven is iets waar je niet aan kunt ontsnappen, het is zoals het is. Ook in de dierenwereld zie je dat pijn hoort bij het leven. Maar dieren lijken dit makkelijker te kunnen accepteren dan mensen. Onze omstandigheden zijn niet zozeer het probleem; de meeste mensen zijn gezond, welvarend en vrij genoeg om te doen wat ze belangrijk vinden. Onze verwachtingen van het leven zijn echter vaak zo hooggespannen dat we gedoemd zijn tot frustratie.

Verwacht dan ook niet dat jouw pad geen bochten of valkuilen zal hebben. Op het moment dat je een tegenslag te verwerken krijgt en alles niet gaat zoals jij dat wilt, is het belangrijk dat je weet dat dit hoort bij het pad dat je gekozen hebt. Toen ik eens een berg beklom, namen we een weg die op sommige stukken naar beneden ging. 'Op deze manier komen we nooit bij de top', zei ik gefrustreerd. De gids liet me met mijn ogen het pad volgen en toen zag ik dat het pad, met al zijn pieken en dalen, uiteindelijk bovenaan eindigde bij de top.

Probeer dit idee vast te houden als het tegenzit. Je bent nu al onderweg, ook al heb je misschien het gevoel dat je nog niet aan het klimmen bent. Het pad dat je kiest, zorgt ervoor dat je hoe dan ook je bestemming zult bereiken, zolang je maar bereid bent om het pad te blijven volgen. Als je dat weet, is het makkelijker om de dalen voor lief te nemen.

Tips en oefeningen

- Train jezelf in het maken van onderscheid tussen willen en bereidheid. Kijk of je bereid bent om dingen te doen die je eigenlijk niet wilt, maar waarvan je weet dat ze je op weg helpen bij het bereiken van je doelen.

- Het begrip onthechting wordt samengevat als het vermogen om iedere omstandigheid met liefde en onvoorwaardelijke acceptatie tegemoet te treden. Er zijn honderden boeken geschreven over dit onderwerp, dat zijn oorsprong vindt in het boeddhisme. Mocht je meer verdieping willen ervaren op dit gebied, dan raad ik je om hierover te lezen.

- Wees bereid om alles wat je niet kunt veranderen te accepteren.

- Zoek ervaringen op die angstige gevoelens transformeren. Hoe vaker jij ervaart dat angst kan transformeren in vuur, hoe eerder je bereid zult zijn om je angsten warm te onthalen.

- Houd je bestemming voor ogen, en probeer zoveel mogelijk te genieten van de reis zelf. Probeer zoveel mogelijk te genieten van het feit dat je onderweg bent, in de wetenschap dat je je bestemming vroeg of laat zult bereiken.

- Dwing jezelf nergens toe en geef jezelf de absolute vrijheid om fouten te maken. Accepteer je negatieve kanten en behandel ze op dezelfde manier als negatieve omstandigheden. Wees bereid om je eigen menselijkheid te accepteren. Je bent een sterk en machtig wezen en je kunt heel veel, maar je bent geen superheld, dus verwacht niet van jezelf dat je kunt vliegen.

- Probeer bij tegenslagen het totaalplaatje te zien; uiteindelijk leidt je weg naar de top en iedere stap die je zet, brengt je dichter bij je doel.

9
Verander je omgeving: verander jezelf

We kunnen onszelf helpen door onze omgeving zo in te richten dat we worden getraind in het aanleren van nieuwe gedragingen. Dit kan een effectieve strategie zijn om herinnerd te worden aan de principes uit dit boek. Verwar dit hoofdstuk niet met wat we hiervoor hebben besproken. Daar waar we het in hoofdstuk drie vooral gehad hebben over hoe jij probeert controle uit te oefenen op je gedachten en gevoelens, gaan we het nu hebben over hoe de omgeving invloed uitoefent op jou, en wat jij kunt doen om de omgeving jou te laten helpen bij het bereiken van je doelen.

Iedere handeling van zowel mensen als dieren wordt mede veroorzaakt door de omgeving waarin we ons bevinden. De kracht van die omgeving wordt door veel therapeuten erg onderschat – meestal wordt er gehamerd op het idee dat jij als persoon sterk genoeg moet worden om je omgeving aan te kunnen.

Dit sluit goed aan bij onze cultuur. We gaan er in feite van uit dat we de innerlijke kracht hebben om elke omstandigheid het hoofd te bieden, zonder dat we hulp van buitenaf nodig hebben. In mijn ogen is dit een hele naïeve stelling, omdat je nooit losstaat van je omgeving. Net zoals je zuurstof, water en voedsel nodig hebt om te overleven, zo ben je ook afhankelijk van de omstandigheden waarin je je bevindt.

Als jij vindt dat alles wat je wilt bereiken vanuit jezelf moet komen, dan zal je reis erg zwaar zijn. In dit hoofdstuk gaan we kijken wat de omgeving voor jou kan doen, zodat je reis aangenamer en makkelijker kan worden. Als je jezelf wilt veranderen, is het noodzakelijk dat je je omgeving verandert.

Een waardegerichte omgeving creëren

Wat nu als je dolgraag meer zou willen sporten, terwijl je een fiets hebt met twee lekke banden? Wat nu als ik geen computer had gehad? Wat als je meer tijd voor jezelf wilt, terwijl je agenda voor de komende twee weken vol staat met afspraken?

Dit zijn voorbeelden van factoren die kunnen bepalen of jij in staat zult zijn om je leven waardevoller in te vullen. Op sommige van dit soort factoren kun je geen invloed uitoefenen. Gedachten en gevoelens zijn er altijd, en er zullen altijd dingen gebeuren die je niet verwacht had. Daarnaast zullen er mensen in je omgeving zijn die op hun beurt hun eigen leven leiden, en vaak dus niet doen wat jij van ze verwacht. Je kunt je wel richten op de factoren waar je wel invloed op kunt uitoefenen. Als je doelbewust je omgeving in dienst stelt van je doelen, kan je omgeving je gaan helpen in plaats van tegenwerken.

Waardegericht gedrag heeft als doel om dingen aan je omgeving toe te voegen of te veranderen zodat *jij* daardoor verandert. Als je je fiets laat repareren zul je sneller geneigd zijn om meer aan sport te gaan doen en als je vervolgens ook nog een poster van een wielrenner ophangt, zal die neiging alleen nog maar groter worden. Als je minder gejaagd wilt leven, kun je van alles in je omgeving inbouwen wat jou leert om het rustiger aan te doen – klassieke muziek terwijl je werkt, het plannen van een weekend naar de Veluwe. Als je er niet aan toe komt om dit soort dingen te doen, leg dan bijvoorbeeld cd's met klassieke muziek op tafel, of folders over de Veluwe; op die manier word je gevoed door de dingen die jij belangrijk vindt, waardoor je ze na een tijdje bijna als vanzelf gaat doen.

Het idee van dit hoofdstuk is dat niet zozeer jijzelf, maar de omgeving je gedrag in stand houdt. We worden door onze omgeving voortdurend uitgedaagd tot bepaalde handelingen; een bierreclame kan er al voor zorgen dat we zin in drank krijgen en een donkere, stille kamer kan ervoor zorgen dat we ons eenzaam gaan voelen.

In de vorige hoofdstukken heb je geleerd hoe je, los van je omgeving en je verstand, toch je plan kunt uitvoeren. Om het jezelf wat makkelijker te maken, zou je kunnen kijken naar de dingen in jouw omgeving die je stelselmatig tegenwerken in het bereiken van je doelen. Als je wilt stoppen met drinken terwijl er drank in huis is, dan bemoeilijkt dat het volgen van het pad naar ontnuchtering. Als er iemand in je omgeving is die regelmatig zegt dat je niets voorstelt, dan belemmert deze persoon jouw persoonlijke groei. Waarom hebben juist bepaalde dingen of mensen zo'n sterke negatieve invloed op ons?

Het ontstaan van sterke en zwakke plekken

We worden geboren met genen die in grote lijnen bepalen hoe we eruit zien, welke voorkeuren we hebben en hoe oud we ongeveer zullen worden. Daarnaast bepaalt onze levenservaring de kleur van ons leven. Op veel van dit soort omstandigheden hebben we zelf geen invloed; jij hebt er niet voor gekozen om in dit land geboren te worden, en je hebt geen vat op de manier waarop je wordt opgevoed.

Feit is dat we nu hier zijn, op dit moment, met alle bagage uit het verleden in onze rugzak – of we dat nu leuk vinden of niet. We kunnen terugkijken tot we er nekkramp van krijgen, en schelden op ons vervelende verleden tot we er schor van worden, maar we kunnen niet meer terug naar waar het ooit begon.

Zonder dat we al te veel stilstaan bij ons verleden, kunnen we wel kijken naar hoe het verleden ons heden beïnvloedt. Als we weten wat onze zwakke plekken zijn, zullen we in staat zijn om daar in ons heden goed op te reageren. Als jij weet dat je gevoelig bent voor bepaalde opmerkingen of situaties, dan kun je bewust een strategie bedenken die je weerbaarder maakt. Het kennen en vooral erkennen van je zwakke plekken kan een enorme bron van kracht zijn. Het is belangrijk dat je eerlijk bent over je eigen gevoelige kanten. Als je bereid bent om je trots en perfectionisme even opzij te zetten, dan geef je jezelf de ruimte om weerbaarder te worden.

Soms kunnen we met de beste wil van de wereld niet om onze eigen gevoeligheden heen. Als jij het moeilijk vindt om je gevoelens te uiten, dan probeer je waarschijnlijk om moeilijke gesprekken te vermijden. We hebben vaak het idee dat we iets moeten doen als we merken dat we bepaalde situaties niet de baas zijn; wat dat betreft is de mens erg oplossingsgericht. Maar meestal bestaat er geen goede oplossing. Je kunt niet zomaar van jezelf verlangen dat je open wordt naar anderen toe.

Als je erkent dat je moeite hebt met het uiten van je gevoelens, dan geef je jezelf de ruimte om te groeien. In plaats van dat je anderen probeert wijs te maken dat er niets aan de hand is, kun je ook laten zien dat jij, net als iedereen, niet alles weet. Als je hier eerlijk over bent, zul je merken dat iedereen op zijn manier probeert om het goede te doen, en dat dit ook anderen lang niet altijd lukt.

Erkenning van je zwakte als bron van kracht

Je hoeft niet te ontkennen dat je sommige dingen gewoon echt niet kunt of aankunt; je kunt daar het beste eerlijk over zijn, zodat je een plan kunt bedenken dat jou helpt om met deze 'handicaps' om te gaan. In plaats van dat je van jezelf eist het onmogelijke mogelijk te maken, kun je proberen om je omgeving zo in te richten dat het je makkelijker wordt gemaakt. Dit heeft niets te maken met vermijding. Je hebt nog steeds duidelijke waarden en doelen, maar je erkent ook dat er dingen zijn die te zwaar en te moeilijk zijn voor jou. Het heeft ook niets te maken met controle, het veranderen van je omgeving op basis van zelfkennis heeft als doel dat je makkelijker in het leven staat.

Hoe gaan we dit aanpakken? Allereerst door een lijst te maken van dingen die je wilt veranderen die je erg moeilijk en erg belangrijk vindt. Vervolgens kunnen we kijken hoe je je omgeving zo kunt inrichten dat deze je gaat helpen. Tabel 9.1 geeft een voorbeeld.

Tabel 9.1: Het veranderen van moeilijke en belangrijke dingen

Moeilijke *en* belangrijke dingen	**Hulpmiddelen**
Minder piekeren	Een schaakbord in de hoek van de kamer.
Meer tijd voor jezelf	De vaste afspraak met je gezin maken dat ze je een uur per dag met rust laten zonder dat jij dat hoeft te vragen.
Stoppen met roken of drinken	Alle rookwaar of drank uit je omgeving verwijderen.
Meer voor jezelf op-komen	Een ketting, ring of armbandje gebruiken dat dit symboliseert, zodat je er op momenten dat het nodig is aan herinnerd wordt; mensen vriendelijk vragen of ze hun negatieve opmerkingen voor zich willen houden; je omgeving vertellen dat je graag gestimuleerd wilt worden bij het creëren van meer eigenwaarde.
Gezonder eten	Een schaal met fruit op tafel zetten.

Moeilijke *en* belangrijke dingen	**Hulpmiddelen**
Meer sporten	Je fiets repareren, naar sportprogramma's kijken, je fiets neerzetten op een plek waar je hem vaak ziet, in je vrije tijd bewust op je sportschoenen gaan lopen.

Naast de concrete voorbeelden in tabel 9.1 geldt voor dit soort dingen dat het ophangen van spreuken of tekeningen die iets symboliseren behulpzaam kan zijn.

Sommige gewoontes zijn zo sterk dat ze haast onmogelijk af te leren zijn zonder hulp van buitenaf. Dit komt omdat je een situatie hebt gecreëerd die deze gewoontes in stand houdt. Als je je huis drie keer per dag schoonmaakt, heb je waarschijnlijk een grote voorraad aan schoonmaakspullen in huis; als je veel drinkt, heb je altijd wel drank in huis; als je ongezond eet, heb je vast goede sociale contacten met de mensen van de plaatselijke friettent.

Al deze omstandigheden zorgen ervoor dat de kans dat je terugvalt in je oude gewoontes groot is. Als je puur vanuit jezelf probeert om je gedrag te veranderen, dan zal dit bij de moeilijke dingen nog een hele klus worden. Maar als je uitvindt welke dingen uit je omgeving ervoor zorgen dat je terugvalt, kun je jezelf helpen. Probeer het toe te passen op die punten waarbij je merkt dat het je via de gewone weg niet lukt.

Tips en oefeningen

- Stel je omgeving in dienst van je waarden en doelen. Zorg ervoor dat je mensen in je directe omgeving hebt die precies weten wat je plannen zijn, zodat ze je niet in de weg lopen en je kunnen stimuleren. Je kunt mensen vragen of ze je meer ruimte willen geven, en of ze je willen herinneren aan je plannen en ideeën. Op het moment dat anderen jou op die manier gaan stimuleren en corrigeren zonder dat je daar om vraagt, heb je voor jezelf nieuwe omstandigheden gecreëerd. Wees duidelijk over wat je wilt bereiken en je zult zien dat je omgeving je graag wil helpen.
  Vraag om hulp, maar verwacht het niet – je kunt anderen niet dwingen om je te helpen. Het is aan de ander of en hoe hij of zij met jou wil meewerken. Verwacht dus niet dat dit gebeurt op de manier die jij voor ogen hebt, het enige wat jij kunt doen is zo duidelijk mogelijk zijn over waar je mee bezig bent, en wat je van de ander nodig hebt.

- Wees bereid om te erkennen dat je sommige dingen niet kunt bereiken zonder hulp van je omgeving.

- Maak een duidelijk onderscheid tussen wat je wel, en wat je niet kunt veranderen. Nogmaals, gedachten en gevoelens zullen er altijd zijn, en er zullen altijd mensen zijn die dingen doen die jij niet wilt. Bekijk je doel aandachtig en stel jezelf de volgende vragen: Hoe kan ik mezelf helpen om dit doel te bereiken? Wat kan ik in mijn omgeving inbouwen zodat deze met mij mee gaat werken?

- Het maken van tekeningen en het ophangen van spreuken lijkt een hele kinderlijke oefening. Toch wil ik nogmaals benadrukken dat dit je enorm kan helpen omdat ze je herinneren aan principes als acceptatie en bereidheid. Iedere keer als je langs het prikbord loopt, word je er door je omgeving aan herinnerd en daardoor geholpen.

- Kies een centraal thema dat zowel moeilijk als belangrijk voor je is, en benoem dat zo concreet mogelijk. Zorg er vervolgens voor dat je iets met je meedraagt dat symbool staat voor dat thema – je horloge, een briefje in je portemonnee; laat je fantasie de vrije loop. Besteed een paar minuten aan dit object en benoem het plechtig en officieel tot jouw 'veranderaar'. Ik weet dat het raar klinkt, maar probeer het een week uit voor je het verwerpt. Ik heb mensen in training gehad die dit het grootste hulpmiddel vonden van de hele therapie. Als je jezelf stelselmatig confronteert met datgene wat je wilt bereiken, dan vlucht je niet meer voor wat je zo belangrijk vindt.

- Probeer geduldig te zijn, het effect van 'veranderaars' kan in het begin klein zijn. Maar hoe meer je wordt gevoed door nieuwe, positieve ideeën, hoe meer je van je omgeving leert. Vaak is het een kwestie van tijd. Voed jezelf met de dingen die je eigenlijk zou willen doen, en vraag je regelmatig af wat je eigenlijk tegenhoudt.

IO

Vergiffenis, schuld en verantwoordelijkheid

In dit hoofdstuk gaan we in op het thema vergiffenis. Doordat we als mensen al onze fouten – en die van anderen – onthouden, kunnen we vastroesten in herinneringen. Vergiffenis is dan ook een van de belangrijkste voorwaarden voor een gezond geestelijk leven.

Toen ik de principes uit dit boek op mezelf toe ging passen, begon ik me erg schuldig te voelen over de fouten die ik in mijn verleden heb gemaakt. Nu ik heb geleerd om minder controle over anderen uit te oefenen, besef ik ook dat ik dat jaren wel heb gedaan, en nu ik meer aandacht heb voor mijn fysieke gezondheid, realiseer ik me dat ik mijn lichaam de afgelopen jaren behoorlijk heb verwaarloosd.

Op het moment dat je je gedrag verandert, gaan verschillen met wat je eerder deed vaak opvallen. Daarom gaan mensen zich vaak pas schuldig voelen over hun gedrag als ze dit gedrag hebben veranderd. Achteraf snap je vaak niet hoe je al die tijd zo stom hebt kunnen zijn. Het kan erg confronterend zijn om terug te kijken met deze 'nieuwe bril'; omdat je je oude gedrag ineens van een hele andere kant bekijkt, zie je dingen die je voorheen niet zag.

Ik schrijf dit hoofdstuk in deze fase van het boek omdat je

je op dit moment wellicht schuldig voelt over je verleden, aangezien je nieuwe gedrag je laat zien wat je al die tijd hebt laten liggen. Het gevaar is dat je verlamd raakt door deze schuldgevoelens. Om dit voor te zijn, wil ik graag met jou gaan onderzoeken wat schuldgevoelens nu eigenlijk zijn.

Het ware gezicht van schuld

Sommige ideeën zijn zo ingebakken in onze maatschappij dat we amper de tijd nemen om ze eens kritisch te bekijken. Zo wordt zelfvertrouwen al snel verward met arrogantie, een soort logica die ik niet altijd snap. Als je mensen vraagt wat ze van zichzelf vinden, zullen de meesten van hen een heel bescheiden antwoord geven. Vrijwel niemand zal openlijk zeggen dat hij of zij zichzelf onvoorwaardelijk mooi en goed vindt.

Er zijn algemene opvattingen die negatief gedrag uitlokken en dat geldt ook voor het concept schuld. Verschillende geloofsovertuigingen zeggen dat het goed en terecht is als je je regelmatig schuldig voelt. Er wordt zelfs gesteld dat je je schuldig moet voelen – biechten is daar een goed voorbeeld van. Het tonen van berouw en het bekennen van schuld wordt gezien als een positieve stap naar vergiffenis.

Ik heb hier grote moeite mee, en wel om twee redenen. Ten eerste lossen schuldgevoelens niets op; als jij je schuldig voelt over iets wat je hebt gedaan, dan verander je daar helemaal niets mee. Het enige wat er gebeurt wanneer je schuld bekent, is dat je je schuldig gaat voelen. Ten tweede zorgen schuldgevoelens ervoor dat je je eigen verantwoordelijkheid gaat ontlopen. Iemand die zich schuldig voelt en dat uitspreekt, vraagt eigenlijk om vergeving door anderen; je hoopt dat anderen je schuldgevoelens zullen wegnemen doordat je laat zien dat je spijt hebt van je daden. In feite is het uiten van schuldgevoelens een manier om diezelfde schuldgevoelens weer kwijt te raken.

Ik vermoed dat dit een heleboel regels bij je losmaakt. Het erkennen van schuld wordt vaak vergeleken met het erkennen van onrechtvaardigheid. We zijn heel erg streng als het gaat om ons eigen gedrag; heel veel dingen kunnen niet door de beugel en als we in de fout gaan, moeten we worden bestraft, zodat we dezelfde fouten niet weer zullen maken.

Ik ontken niet dat mensen fouten maken. We doen allemaal vaak dingen verkeerd, en vaak doen we anderen daar zelfs pijn mee. Maar het erkennen en leren van je fouten is iets heel anders dan het bekennen van schuld. Het gaat mij niet om de vraag of iemand zich schuldig zou moeten voelen, maar om de vraag of schuldgevoelens effectief zijn bij het veranderen van gedrag.

Dat het bestraffen van fout gedrag niet of nauwelijks leidt tot minder problemen, is ruimschoots bewezen. De landen met de strengste regels en de hoogste straffen voor crimineel gedrag hebben meestal grote problemen op dat gebied. Iemand een rotgevoel aanpraten omdat hij een misstap heeft gemaakt, zorgt er meestal voor dat hij in herhaling valt; je kunt een wond niet helen door iemand een extra klap te verkopen. Het is veel beter om negatieve gevoelens op een positieve manier te benaderen. Onderzoek naar de opvoeding van kinderen heeft uitgewezen dat het belonen van goed gedrag vele malen beter werkt dan het bestraffen van fout gedrag.

Zoals er een verschil is tussen zelfvertrouwen en arrogantie, is er ook verschil tussen schuld en verantwoordelijkheid. Laten we dit verschil eens onder de loep nemen.

Schuld en verantwoordelijkheid

Wat is schuld eigenlijk? Heb je ooit op straat een groepje schuld voorbij zien komen? Is er een winkel waar je schuld kunt kopen? Als ik probeer om me een voorstelling te maken van wat dit begrip betekent, sta ik al snel met mijn mond vol tanden. Kennelijk hebben we het hier dus over gevoelens. Meestal worden die gevoelens veroorzaakt doordat we bepaalde regels niet nakomen. Een leeuw die zijn prooi doodt, zal geen schuldgevoelens hebben omdat hij geen regels kent die voorschrijven dat doden niet mag.

Schuldgevoelens zijn dus het gevolg van allerlei regels die zeggen dat we ons schuldig moeten voelen. Alsof het nog niet erg genoeg is dat we fouten maken, moeten we onszelf ook nog eens gaan kwellen met negatieve gevoelens. Dit lost helemaal niets op. Schuldgevoelens zorgen voor negatieve gedachten en die zorgen er op hun beurt weer voor dat je de dingen die je graag wilt leren, gaat vermijden.

Verantwoordelijkheid heeft veel meer te maken met inzicht. Je weet als mens heel goed wat wel of niet door de beugel kan; iedereen weet dat het niet goed is om een ander pijn te doen. Onze bedoelingen zijn meestal goed, maar ons gedrag is dat niet altijd. Verantwoordelijkheid nemen voor je daden is niets meer dan erkennen dat je fouten maakt en zult maken, en ervoor openstaan om van die fouten te leren. Meestal voelen mensen zich schuldig omdat ze zo zijn bevangen door perfectionisme, dat ze van zichzelf niet mogen falen.

Fouten die je hebt gemaakt hebben je geleerd om de dingen anders aan te pakken; zonder je fouten had je nooit geleerd te lopen, praten, lezen en schrijven. Moet je je schuldig voelen omdat je jezelf de kans geeft om nieuwe dingen te leren? Kennelijk is het maken van fouten een noodzakelijke voorwaarde om in ons leven iets te bereiken. Natuurlijk zou het prachtig zijn als we alles gelijk goed zouden doen. Maar feit is dat we alleen kunnen groeien op basis van fouten.

Als je ervoor kiest om je niet te laten leiden door je fouten, dan kies je ervoor om je fouten te omarmen. Als je jezelf en anderen kunt vergeven, creëer je meer ruimte voor jezelf om dingen te leren die je voorheen niet voor mogelijk had gehouden.

Vergiffenis

Mensen die ik training geef, schamen zich vaak kapot omdat ze niet gelukkig zijn, en omdat ze niet in staat zijn om in hun eentje de problemen het hoofd te bieden. Zij zijn niet de enigen; velen van ons lopen rond met grote rugzakken vol schuld en schaamte. Het grootste probleem is dat we het meestal terecht vinden dat we ons zo voelen. Op basis van onze fouten en mislukkingen concluderen we dat we gefaald hebben, en dat we moeten zwelgen in zelfverwijt.

Maar dit is dus niet terecht, in tegendeel. Wat je ook fout hebt gedaan, je kunt je vroegere daden niet met schuld en schaamte laten verdwijnen. Alles wat je hebt gedaan, deed je omdat het op dat moment de beste keuze leek te zijn. Achteraf had je het wellicht anders aangepakt, maar hoe had je dat toen kunnen weten? De hamvraag is: Wat doe je met de fouten die je maakt? Gebruik je ze als een hamer om jezelf mee te slaan? En zo ja: wat heeft dat voor zin?

Laten we zo realistisch mogelijk zijn over onszelf. Laten we er eens van uitgaan dat we nog veel fouten zullen maken, omdat we nog veel moeten leren. Hoe kunnen we dan het beste met onze fouten omgaan? Misschien is de tijd nu rijp om jezelf te vergeven voor alles wat je in je verleden niet goed hebt gedaan. Je kan ervoor kiezen om jezelf te blijven slaan, maar je kunt ook proberen om het verleden te laten voor wat het is. Dit is gemakkelijk gezegd, maar toch geloof ik dat je bewust kunt kiezen voor verantwoordelijkheid in plaats van schuld.

Juist als je vooruit wilt in je leven, juist als je anderen wilt helpen en juist als je je fouten goed wilt maken, is het van groot belang dat je niet verlamd bent door schuld. We geloven dat het terecht en goed is dat we ons schuldig voelen, maar schuldgevoelens lossen geen problemen op. Je kunt een fout maken en je schuldig gaan voelen, of je kunt een fout maken en leren om het de volgende keer beter te doen. Dat is verantwoordelijkheid: je fouten gebruiken als leermomenten, waarna je jezelf corrigeert zonder jezelf de grond in te praten.

Tips en oefeningen

- Stel een verklaring op waarin je stelt dat je van plan bent om je niet langer te laten leiden door schuldgevoelens. Noem alle onderwerpen waar je je tot nu toe schuldig over hebt gevoeld, en schrijf op dat je de volledige verantwoordelijkheid neemt voor de daden uit je verleden. Bewaar deze verklaring goed, op een plaats waar je deze regelmatig... inderdaad.

- Bedenk manieren waarop je de fouten uit je verleden kunt herstellen. Heb je bijvoorbeeld uit schuldgevoel geen contact meer met iemand uit het verleden? Zoek die persoon dan alsnog op. Vertel hem of haar dat je schuldgevoelens de oorzaak waren van je afwezigheid, en dat je hebt besloten dat je dit niet langer als excuus wilt gebruiken.

- Als je wrok hebt tegen mensen waar je van houdt, bedenk dan dat ook zij het waarschijnlijk goed hebben bedoeld; iedereen probeert op zijn manier om de juiste weg te vinden. Vergeef anderen voor het feit dat ook zij fouten maken. Neem zelf het initiatief door te zeggen dat je de ander niet langer met schuldgevoelens wilt opschepen.

- Natuurlijk kan het voorkomen dat je iemand echt niet mag, of dat er zoveel gebeurd is dat het beter is om je eigen weg te gaan. Je kunt ervoor kiezen wie je wel of niet in je leven wilt hebben. Maar laat de liefde voor mensen waar je van houdt niet verpesten door wrok of woede. Je hebt voor hen gekozen, en daarmee ook voor de fouten die zij, net als jij, zullen maken.

- Word je bewust van de wijze waarop je omgeving probeert om jou een schuldgevoel aan te praten. Als iemand kritiek heeft op jouw handelswijze, dan kun je daar van leren. Als iemand echter doelbewust hamert op het feit dat je hebt gefaald, vertel die persoon dan vriendelijk dat je niet van plan bent om je te laten verlammen door schuld. Je zou als dit gebeurt bijvoorbeeld kunnen vragen: 'Oké, ik snap je punt. Hoe kan ik het volgens jou beter aanpakken?' Een andere reactie zou kunnen zijn: 'Ik ben me bewust van het feit dat ik het beter anders had kunnen doen. Het lijkt me vrij zinloos als ik me nu ook nog schuldig ga voelen, vind je niet?'

- Ga niet mee in waarschuwingen die betrekking hebben op het verleden. Wat je hebt gedaan, valt niet meer terug te draaien. Als je jezelf vertelt dat je drie jaar geleden iets niet had moeten doen, dan geef je jezelf een schuldgevoel over iets wat je met geen mogelijkheid meer kunt veranderen. Alles wat voltooid verleden tijd is, heeft je uiteindelijk hier gebracht. Je kunt niet meer terug, ook al zou je dat nog zo graag willen. Zeg niet wat je toen anders had moeten doen, maar wat je nu anders zou kunnen doen.

- Stel jezelf voor iedereen van wie je houdt de volgende vraag: als deze persoon op dit moment zou komen te overlijden, wat had ik dan nog tegen diegene willen zeggen? Schuld en spijt komen vaak voort uit vermijding en uitstel. Ik heb bijvoorbeeld veel gesprekken gevoerd met mijn ouders over mijn roerige puberteit en we zijn op een gegeven moment op een punt beland dat we alles tegen elkaar gezegd hebben wat we wilden zeggen. Ik weet dat ik geen spijt zal voelen, mocht er iets met hen gebeuren.

- Wees je ervan bewust dat het leven kort is, en vol verrassingen. Als je moeilijke gesprekken uitstelt, loop je het gevaar dat de tijd je uiteindelijk in zal halen. Hoe langer je wacht, hoe moeilijker het bovendien wordt om erover te beginnen – wacht niet tot morgen met wat je vandaag op je hart hebt.

- Beloon jezelf als je een fout maakt, ook al gaat dit niet van harte. Iedere keer dat je de mist in gaat, leer je meer over hoe het wel moet. Iedere fout is daarmee een stap in de goede richting.

- Wees niet te serieus over jezelf. Het leven is geen proefwerk waar je een voldoende voor moet halen, maar meer een speelplaats waar gespeeld dient te worden. De bal ligt bij jou.

II

Liefde: de tegenpool van angst

We gaan nu in op het begrip liefde, omdat dit in mijn ogen de tegenpool is van angst. Als we het hebben over het begrip liefde, vervallen we al snel in abstracte omschrijvingen van positieve gevoelens. Daarbij kan het zelfs gaan over energievelden, aura's en de kracht van het uitstralen van liefde. Hoewel ik totaal geen moeite heb met dit soort ideeën, wil ik het in dit hoofdstuk zoveel mogelijk concreet houden. Dit klinkt misschien niet zo romantisch, maar het is mijn stellige overtuiging dat je alleen op basis van duidelijk omschreven onderwerpen kunt komen tot het goede resultaat. Gevoelens van liefde en geluk zijn altijd een gevolg van concrete handelingen, hoe intens en onbeschrijfbaar de ervaring van deze gevoelens ook kan zijn.

Dit neemt niet weg dat het uitoefenen van onvoorwaardelijke liefde kan leiden tot hele positieve verschuivingen in je leven. Daarnaast kan het de intensiteit waarmee je dingen beleeft enorm vergroten. Wie de liefde als uitgangspunt neemt voor zijn denken en handelen zal, ongeacht zijn omstandigheden, vele momenten van innerlijke voldoening ervaren. Laten we, voor we verder gaan, eerst proberen om dit begrip zo duidelijk mogelijk te omschrijven.

Onvoorwaardelijke liefde

Ik definieer onvoorwaardelijke liefde als de bereidheid om in vrijwel iedere situatie keuzes te maken op basis van liefde voor jezelf en anderen. Veel mensen vinden dat je liefde niet in woorden kunt vatten. Liefde is volgens hen een gevoel, iets wat je alleen kunt ervaren en iets wat je overkomt zonder dat je daar zelf invloed op uit kunt oefenen. De mensen die dit vinden hebben het over iets anders dan ik. Gevoelens van liefde zijn inderdaad niet te beschrijven – daar moet je ook niet aan beginnen. De ervaring van liefde is de meest prettige en zuivere vorm van beleven die wij als mensen kennen.

Maar wat is nu de oorzaak van die gevoelens? Komt de liefde inderdaad zomaar uit de lucht vallen, of komt ze voort uit hoe we tegenover de wereld staan? Is het zo dat je liefde kunt ervaren zonder dat je die liefde zelf hebt aangemaakt? Volgens mij is alles wat je beleeft het product van de manier waarop je naar dingen kijkt. Met andere woorden, wat je van binnen ervaart, bepaalt wat je uit je omgeving oppikt.

Ik kijk 's ochtends altijd naar het ontbijtjournaal. In een goede bui moet ik lachen om de grappige rubrieken. Heb ik een ochtendhumeur, dan erger ik me dood aan de negatieve berichten. Als ik vervolgens op de fiets stap en moet stoppen voor het rode licht, kijk ik in een goede bui vrolijk om me heen terwijl ik me in een slechte bui erger aan het feit dat ik moet wachten.

De macht der gewoonte

Je eigen instelling bepaalt dus in grote mate wat je voelt. De vraag is nu: kunnen we bewust kiezen voor een instelling die gebaseerd is op liefde? Op het eerste gezicht zou je misschien denken van niet. We hebben immers allemaal wel eens een ochtendhumeur. De ene keer voelen we ons goed, de andere keer zijn we wat minder vrolijk; soms kun je heel veel hebben, maar er zijn ook dagen dat vrijwel alles je irriteert.

Maar ook al hebben we te maken met pieken en dalen, toch hebben we veel meer invloed op onze stemming dan je zou denken. Ik heb het hier over de macht der gewoonte. Je kunt leren om van dingen te houden die je op het eerste gezicht helemaal niet leuk vindt. Als je weet dat een andere houding er op den duur voor zorgt dat je meer rust en voldoening zult ervaren in je leven, is het misschien makkelijker om te oefenen met deze houding. Uiteindelijk kan een positieve houding op basis van liefde zo een gewoonte worden.

Als iets indruist tegen je gewoontes voelt het vaak onwennig en een beetje belachelijk om te doen. Stel dat je vanaf nu op een andere manier zou gaan fietsen; in plaats van vooruit, zou je vanaf nu achteruit moeten gaan trappen. Dit zou een heel onwennig gevoel in je benen geven en daarnaast vraag je je hoogstwaarschijnlijk af waar je in vredesnaam mee bezig bent. Het achteruit trappen gaat in tegen alles wat je hebt geleerd.

Wat mensen in therapie vaak zeggen als de therapeut ze een opdracht geeft, is: 'Ik weet dat het klopt wat je zegt, maar toch voelt het niet zo.' De reden hiervoor is dat het nieuwe gedrag nog niet, of nog niet lang genoeg is doorgevoerd. Handelingen waar we niet aan gewend zijn, zorgen meestal voor tegenstrijdige gevoelens en de kleinste veranderingen zijn al bijna niet door te voeren zonder dat we dit soort gevoelens ervaren.

Ik dronk mijn koffie altijd met twee schepjes suiker. Toen ik een keer geen suiker in huis had, gruwelde ik van de smaak van mijn suikerloze koffie. Toen ik later die dag nog een suikerloze kop dronk, werd dit gevoel al minder. Ik vergat suiker te kopen en was de volgende dag weer gedoemd tot het drinken van suikervrije koffie. Vanaf dat moment was ik gewend aan de smaak en nu gruwel ik van koffie met suiker.

Je vraagt je nu ongetwijfeld af of het werkelijk zo simpel is. Natuurlijk is het zo dat angsten sterk zijn, en sommige gewoontes erg ingebakken. Maar je kunt op ieder moment in je leven besluiten om dingen anders aan te pakken. De eerste stap is dat je bereid bent om de ongemakkelijke gevoelens te ervaren, de tweede is dat je gaat handelen op basis van je waardegebieden. Als derde stap volgt hierop dat je jezelf kunt aanleren om te handelen op basis van liefde, vanuit het besef dat liefde zorgt voor minder angst.

Kiezen voor liefde naar je omgeving toe

Als je heel simpel nadenkt over je leven, wat is dan de oorzaak van je geluk? Ben je gelukkig omdat je gevechten aangaat, omdat je tegendraads bent, omdat je anderen bekritiseert of omdat je je afzet tegen alles waar je een hekel aan hebt? Natuurlijk niet. Kun je je voorstellen dat geluk voortvloeit uit positieve handelingen? Dat klinkt op zich wel logisch, toch?

De reden waarom ik dit aanhaal is omdat het zo belangrijk is dat je je bewust bent van de gevolgen die zowel positieve als negatieve gedragingen hebben voor je leven. Als je weet dat datgene wat jij doet ervoor zorgt dat je je op de lange duur beter gaat voelen, dan zal het makkelijker voor je zijn om oude gewoontes te doorbreken.

Toen ik zelf ging experimenteren met dit idee, maakte ik een lijst van alle negatieve invloeden in mijn leven. Op die lijst kwam ik de koffiejuffrouwen van de kantine op mijn werk tegen. Deze twee vrouwen waren regelmatig in een hele slechte bui, waardoor ze dikwijls in staat waren om mijn goede humeur even te verpesten. Er was vrijwel altijd iets wat ik verkeerd deed – ik betaalde met een te groot biljet, ik morste koffie of ik rekende niet snel genoeg af.

De Amerikaanse psycholoog Wayne Dyer schrijft in een van zijn boeken dat je zo'n situatie kunt aangrijpen om je onvoorwaardelijke liefde te tonen. Een daad van liefde als reactie op iets negatiefs, zo schrijft hij, kan voor een keten van veranderingen zorgen. En dus besloot ik om een bloemetje voor de koffiedames te kopen. Dit ging erg tegen mijn gevoel in omdat ik eigenlijk vond dat ze wel eens wat vriendelijker tegen mij mochten zijn en ik hen in feite helemaal niets verschuldigd was. Sterker nog; zij mochten mij hun excuses aanbieden! Maar omdat ik doordrongen was van het feit dat ik de mogelijkheid had om het heft in eigen handen te nemen, deed ik het toch. Gespeeld gemeend zei ik dat ik ze wilde bedanken omdat ze iedere dag weer voor mij klaar stonden, en dat ik vond dat dat wel eens beloond mocht worden. Voor het eerst in mijn leven heb ik hen toen zien lachen. Sindsdien – we zijn nu drie jaar verder – heb ik nooit meer een negatieve opmerking van ze gehad. Sterker nog, als ik koffie of broodjes kom halen, onthalen ze me met een warme glimlach.

Zo zie je maar – dit verhaal is waar gebeurd – hoe iets ontzettend simpels een positief effect kan hebben. Naast het feit dat de dames er blij mee waren, was ik verlost van hun negatieve gedrag. Nu ga ik fluitend naar de kantine, terwijl ik daar eerder altijd tegenop zag.

Het belangrijkste is dat je beseft dat ook jij de macht hebt om dit soort dingen te doen, en dat het zinloos is om te wachten tot anderen het initiatief nemen. Als ik had gewacht tot de koffiedames iets positiefs tegen mij zouden zeggen, dan was de situatie waarschijnlijk nooit veranderd. Verwacht niet dat anderen datgene doen wat jij van ze verlangt, maar zorg ervoor dat je zelf stappen onderneemt die zorgen voor positieve veranderingen. Het werkt echt, ook al doe je maar alsof.

Doen alsof

Misschien heb je kritiek op mijn handelswijze, en vind je het zelfs hypocriet van me dat ik een bloemetje heb gekocht voor mensen die ik eigenlijk helemaal niet mag. Het is misschien raar dat ik voorstel dat je dingen gaat doen waar je met je gevoel eigenlijk helemaal niet achterstaat, maar het gaat om het idee erachter. Ik wilde meer positiviteit in mijn leven hebben, omdat ik wist dat ik en iedereen om mij heen daar op den duur profijt van zou hebben. En er gebeurde nog iets wonderlijks. Na dat bloemetje heb ik ontdekt dat de twee koffiejuffrouwen eigenlijk ontzettende schatten zijn. Als je handelt uit liefde, is de kans groot dat je liefde in anderen opwekt. De kans bestaat dat je dingen zult ontdekken die je nooit voor mogelijk had gehouden.

Je kunt proberen te doen alsof, vanuit het besef dat wat je doet ervoor zorgt dat je leven kleurrijker en positiever wordt. Bovendien kan het oefenen met liefde ertoe leiden dat het een gewoonte wordt. Als je een paar keer iets positiefs doet terwijl het tegen je gevoel ingaat, zul je merken dat deze gevoelens minder sterk zullen worden. En op den duur worden ze zelfs vervangen door gevoelens van voldoening en waardering; jij hebt de macht om een lichtpuntje te zijn, jij bent in staat om mensen om je heen te laten lachen. En alles wat lacht naar jou, geeft jou gevoelens van verbondenheid en... juist: liefde!

Eigenliefde

Het komt ons in het leven niet aanwaaien. Ik geloof dat we de hoeveelheid geluk die we ervaren voor een groot deel zelf in de hand hebben. Er zijn mensen die, ondanks een aantal vreselijke gebeurtenissen in hun leven, toch in staat zijn om gelukkig te zijn. En er zijn mensen die alles mee lijken te hebben en ondanks dat helemaal niet gelukkig zijn. Waar het op neerkomt: het leven is wat je er zelf van maakt.

Aangezien we niet kunnen voorspellen wat we in ons leven aan leuke of vervelende gebeurtenissen zullen tegenkomen, is het onze taak om zo flexibel en liefdevol mogelijk te worden. Dat is de enige manier waarop we bestand kunnen zijn tegen de grillen van het leven. Zoals je inmiddels hebt gemerkt, is vechten geen slimme strategie. Wat we wel kunnen doen, is leren om zo flexibel en liefdevol te worden dat negatieve omstandigheden niet eens de kans krijgen om ons te verlammen.

Over het algemeen vinden mensen het makkelijker om liefdevol voor hun omgeving te zijn dan voor zichzelf. Het zou dus goed kunnen dat ook jij moeite hebt met het oefenen in eigenliefde. Toch is dit de belangrijkste voorwaarde voor een gelukkig leven. Wat je niet zelf aanmaakt, kun je ook niet ervaren.

Laten we een oefening doen. Ga voor de spiegel staan en zeg tien keer in een rustig tempo en hardop dat je jezelf onvoorwaardelijk accepteert, en dat je jezelf een heel erg knap en mooi mens vindt. Doe dit voordat je verder leest. Ongemakkelijk gevoel? Zou me niets verbazen. Enig idee hoe dat komt? Zou het kunnen dat je het niet gewend bent om zulke positieve dingen tegen jezelf te zeggen? Heb jij de slechte gewoonte om overmatig kritisch en negatief te zijn over jezelf? En zo ja: helpt dat jou bij het vinden van meer voldoening en rust in je leven?

Deze oefening kan erg confronterend zijn. Toch wil ik nog een stap verder gaan, omdat het zo belangrijk is dat je inziet wat je zelf allemaal creëert. Als jij niet van jezelf houdt, hoe kun je dan openstaan voor de liefde van anderen? Voel jij je ongemakkelijk als iemand lief is voor jou? En zo ja; zou dit kunnen komen doordat je niet de gewoonte hebt om lief te zijn voor jezelf?

Als jij bereid bent om deze ongemakkelijke gevoelens op de koop toe te nemen, met het uitgangspunt dat je wilt leren om meer liefde in je leven te creëren, dan zul je op den duur gaan merken dat dit een sneeuwbaleffect kan veroorzaken. Aangezien je meer liefde bezit, ben je in staat meer liefde te geven aan anderen. Daarnaast zul je complimenten makkelijker kunnen accepteren, en het eerder toelaten als iemand iets voor jou doet. Niets is zo prettig als de ervaring van onvoorwaardelijke liefde. Als jij om te beginnen jezelf voedt met zoveel mogelijk positiviteit – ook al doe je maar alsof – dan zul je al snel merken dat je enorm veel invloed kunt uitoefenen op hoe jij de dingen ervaart.

Onvoorwaardelijke liefde in de praktijk brengen

Om dit idee in je leven toe te kunnen passen, is het ten eerste van belang dat je bewust kiest voor een leven vol liefde. We hebben de rare gewoonte om vast te houden aan het bekende en vertrouwde, ook al weten we dat we daar op den duur niet gelukkig van worden. Als jij ervoor kiest om liefde meer ruimte te geven, kies je er dus ook voor om je wrok, cynisme en verwijten te laten varen. Dit is niet gemakkelijk omdat liefde vraagt om inzet. Het is veel makkelijker om iets stuk te maken dan om het weer op te bouwen. Maak bewust de keuze of je bereid bent energie te steken in jouw eigen geluk.

Maak vervolgens een lijst van alle negatieve invloeden in je leven. Zet op deze lijst zowel dingen die jij doet als dingen die anderen doen. Probeer daarbij om jezelf niet als slachtoffer neer te zetten. Hoe vervelend anderen ook tegen je zijn, jij hebt de macht om daar met liefde op te reageren. Een conflict wordt vaak in stand gehouden doordat beide partijen vechten. Een reactie op basis van liefde is de beste verdediging die je je maar kunt bedenken. Het gaat er niet om of je gelijk hebt, het gaat erom of je datgene doet waardoor jij verlost bent van je negatieve gevoelens.

Ik wil voorstellen dat je iets positiefs gaat doen voor iemand die jou het bloed onder de nagels vandaan haalt. Dit kan van alles zijn: een compliment, een cadeautje of een kaartje. Probeer zo oprecht mogelijk over te komen en laat je cynisme heel even voor wat het is. Dit ene gebaar kan een structurele verbetering bewerkstelligen in jouw relatie met die ander. Natuurlijk hoef je niet iedereen te mogen, maar er zijn nu eenmaal mensen in je leven waar je niet omheen kunt. Zorg ervoor dat die mensen niet langer in staat zijn om jouw humeur te verpesten. In iedere conflictsituatie is niets zo ontwapenend als liefde.

Maar dan zijn we er nog niet. Van alle negatieve factoren in je leven, ben je zelf waarschijnlijk de grootste. De meesten van ons zijn meesters in zelfkwelling. Daar zouden onze grootste vijanden nog wat van kunnen leren! Begin met een plan waarbij je jezelf structureel gaat voeden met positieve dingen. Doe dit stap voor stap. Vergeet niet dat iedere positieve handeling naar jezelf toe ervoor zorgt dat je sterker wordt. Iedere keer als je goed bent voor jezelf, maak je eigenliefde aan en gun je jezelf de ruimte om meer plezier te ervaren in je leven. Verzin manieren waarop je jezelf kunt verlossen van alle gewoontes die je bang en boos houden. Om je op weg te helpen, staan hieronder een aantal mogelijkheden van dingen die je kunt ondernemen.

Tips en oefeningen

- Deel dit idee met de persoon die het dichtst bij je staat, oftewel iemand die je volledig vertrouwt. Stel voor dat je samen een week lang gaat oefenen om zoveel mogelijk liefde te creëren in elkaars leven. Probeer dit een week uit en ervaar wat er gebeurt. Het is van groot belang dat je iemand in je omgeving hebt die je kan helpen bij het bereiken van dit doel. Bovendien is er zo iemand met wie je nieuwe dingen kunt uitproberen. Word tijdens deze periode iemand die als doel heeft zoveel mogelijk liefde te delen. Je zult merken dat je relatie met de ander intenser en waardevoller zal worden.

- Kies iemand uit je directe omgeving die jij niet mag, en doe iets wat ingaat tegen je gevoelens. Een compliment, een vriendelijk gesprek of een klein cadeautje kunnen wonderen verrichten.

- Voed jezelf minimaal drie keer per dag met een positieve daad. Spreek jezelf vijf minuten lang liefdevol toe, koop iets leuks voor jezelf en geef jezelf de ruimte om te genieten van een hobby, een massage of iets anders. Je hebt jezelf lang genoeg pijn gedaan, dus misschien is het nu eens tijd om iets anders te proberen, niet? Neem dit niet te licht op; je hebt sterke gewoontes en het zal veel energie kosten om die te doorbreken. Loop niet weg voor de liefde door te zeggen dat je het niet waard bent. Iedereen op deze wereld heeft het recht om gelukkig te zijn. Het enige dat tussen jou en de liefde in staat, ben jij zelf.

- Vergeet niet dat liefde helend werkt. Als je op moeilijke momenten in je leven in staat bent te kiezen voor een positieve houding, dan zorg je ervoor dat angst minder of geen ruimte krijgt. Als je de liefde laat liggen en ervoor kiest om je te laten overmannen door verdriet en angst, dan geef je toe aan gedachten die zeggen dat je het niet waard bent om gelukkig te zijn, of dat je niet de kracht hebt om iets aan je situatie te veranderen.

- Word je bewust van de mate waarin jij in staat bent om zelf te bepalen wat je in je leven wilt. Mensen die zichzelf als slachtoffer zien, zijn zich vaak niet bewust hoeveel ze eigenlijk zelf in de hand hebben. Je daden bepalen op den duur wat je denkt en voelt; zie jezelf niet als slachtoffer, maar als de grondlegger van je eigen leven. Jij bent de baas over je eigen keuzes.

- Neem beslissingen op basis van de gevolgen die die beslissingen zullen hebben, in plaats van direct achter je gedachten en gevoelens aan te hollen. Het voelt misschien heel verstandig om drukke plaatsen te vermijden, maar wat is op den duur het gevolg hiervan? Dwing jezelf nergens toe. Wees je simpelweg bewust van de gevolgen die je keuzes zullen hebben.

- Zoek naar nieuwe manieren om je gevoelens te uiten. Door dit te doen, neemt de kracht van gevoelens die je weerhouden om positief te handelen af. Als je voor een positieve keuze staat die weerstand oproept, probeer dan om een uitlaatklep te vinden voor die gevoelens van twijfel. Als ik moet spreken voor een groep mensen, ga ik van tevoren meestal voor de spiegel staan, om me vervolgens vijf minuten lang volslagen idioot te gedragen. Ik trek rare gezichten en praat wartaal. Dit klinkt als een belachelijke oefening, maar ik moet zeggen dat ik er enorm veel baat bij heb. Ik voel op die momenten meer twijfel en spanning dan ik zou willen, en idioot doen geeft mij de ideale uitlaatklep voor dat soort gevoelens.

- Lees een verhaal of een boek over liefde, en kijk naar een romantische film, ook al ligt het onderwerp je niet. Voed jezelf met gevoelens van liefde door deze actief op te zoeken.

- Is ‘liefde’ niet een prachtig mooi woord? Mooi genoeg om het ergens op te hangen?

- Wees je bewust van de gevolgen van je nieuwe gedrag. Als wat je probeert blijkt te werken, sta daar dan even bij stil. Zo leer je jezelf te zien wat de positieve gevolgen van je inspanningen zijn.

Tot besluit

Hiermee zijn we aan het einde gekomen van dit boek, dat ik met heel veel plezier en liefde heb mogen schrijven. Ik hoop dat de ideeën die ik heb beschreven je zullen helpen bij het bewandelen van jouw pad naar een gelukkig, waardevol en bijzonder leven. Ik hoop dat je voor altijd verlost mag zijn van de valkuilen van je gedachten, en dat er de meest heerlijke ervaringen voor in de plaats mogen komen.

Vergeet je gepieker. Laat je verlangens spreken.
Als je bereid bent om alles wat je denkt en
voelt te omarmen, ben je vrij.

Literatuur en websites

Brown, T.A., Barlow, D.H. & Liebowitz, M.R. (1994). The empirical basis of generalized anxiety disorder. *American Journal of Psychiatry, 151*, 1272-1280.

Hart, G., Sroufe, L. & Cooper, R. (2004). *Child Development: Its nature and course (Fifth edition)*. New York: McGraw-Hill

Hayes, S.C., Strosahl, K.D. & Wilson, K.G. (1999). *Acceptance and Commitment Therapy: An Experiental Approach to Behavioural Change*. New York: The Guilford Press.

Hayes, S.C., Wilson, K.G., Gifford, E.V., Follette, V.M. & Strosahl, K.D. (1996). Experiental Avoidance and Behavioural Disorders: a functional dimensional approach to diagnosis and treatment. *Journal of Consulting and Clinical Psychology, 64*, 1152-1168.

Vossen, C.J.C., Jansen, G. & de Mey, H.R.A. (2004). Acceptance and Commitment Therapy: kennismaking met een nieuwe vorm van gedragstherapie. *Psychopraxis, 6*, 101-105.

www.contextualpsychology.org
www.denkwatjewilt.nl
www.stichtingact.nl

Over de auteur

Gijs Jansen (1978) is opleider bij SeeTrue Mindfulness-opleidingen. Hij schreef eerder verschillende (zelfhulp) boeken op basis van ACT en mindfulness.
Voor meer informatie kijk op www.act-opleiding.nl en www.mindfulness-opleiding.nl